Sydney auf einen Blick

© Reise Know-How 2017

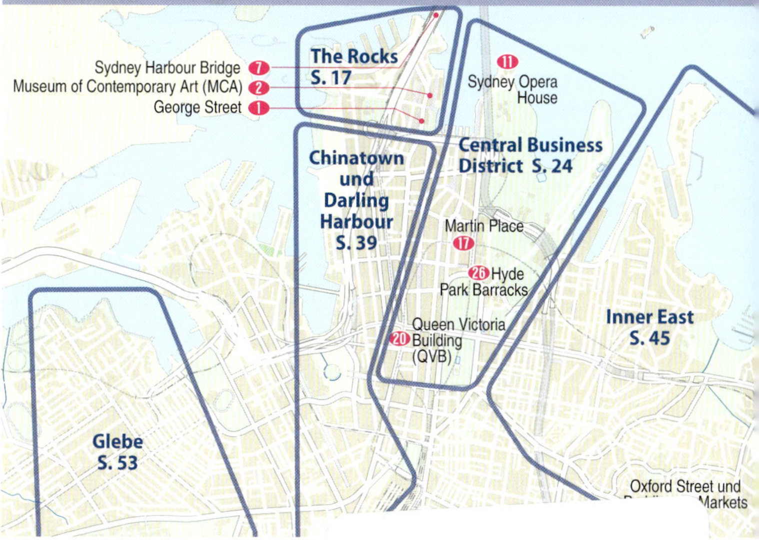

◁ Abenteuer mit Aussicht: Bridge Climb auf der Sydney Harbour Bridge 7 (Foto: 118sy Abb.: Tourism Australia©Geoff Jones)

Zeichenerklärung

★★★ nicht verpassen
★★ besonders sehenswert
★ wichtig für speziell interessierte Besucher

[A1] Planquadrat im Kartenmaterial. Orte ohne diese Angabe liegen außerhalb unserer Karten. Ihre Lage kann aber wie von allen Ortsmarken mithilfe der begleitenden Web-App angezeigt werden (s. S. 144).

Vorwahlen

- für Australien: 0061
- für Sydney: 02

Sydney erfindet sich ständig neu. Überall wird mit Blick auf eine nachhaltige Entwicklung saniert und modernisiert, ganze Stadtteile werden neu erfunden! Seit Mitte der 1990er-Jahre werden leerstehende Industriegebäude in der City und an der Küstenlinie zu attraktiven Büro- und Wohnflächen umgemodelt. Neue Trendviertel mit einer lebhaften kreativen Kultur entstehen und werden von Einheimischen wie Touristen gleichermaßen entdeckt. Es ist aufregend, die Verwandlung dieser neuen Areale mitzuerleben!

Neuer Glanz auf Brauerei-Areal

Kensington Street und Central Park Sydney wollen das neuste Trendviertel der Stadt werden. Beim BEAMS Arts Festival verwandeln sich die umliegenden Gassen in eine Open-Air-Bühne für Lichtkunst, Theater und Livemusik (s. S. 90).

Glanzvolles Pubhotel

Orginaler Backstein, glasierte Wandfliesen und der Blick aufs Barangaroo Reserve rechtfertigen einen Besuch des Hotel Palisade (s. S. 20).

Tropisches Wunderland

Die vertikal begrünten Wände und die imposante Architektur des im Juni 2016 eröffneten Tropenhauses The Calyx im Botanischen Garten bieten nicht nur frisch Vermählten die perfekte Kulisse für schöne Porträtfotos (s. S. 28).

Barangaroo Reserve

In Barangaroo balanciert man auf Sandsteinquadern, taucht in einen Auststellungsbunker ein und genießt die Aussicht aufs Wasser (s. S. 20).

004sy Abb.: eg

SYDNEY ENTDECKEN

Sydney für Citybummler

Moderne architektonische Meisterwerke, renovierte Altbauten aus der Zeit, als Sydney Strafgefangenenkolonie war, eine quirlige Gastronomieszene, perfekte Gegebenheiten für einen Strand- oder Segelurlaub und sechs beliebte Strände der LGBT-Szene sowie mehrere Stadtteile, die im Zeichen des Regenbogens stehen, erste Adresse für australische Modelabels und ganz allgemein einer der besten Orte für Musikliebhaber und Nachtschwärmer: Sydney ist die australische Metropole schlechthin.

Die innerstädtischen Sehenswürdigkeiten in Sydney lassen sich leicht zu Fuß erkunden (ein Vorschlag für einen Spaziergang findet sich auf Seite 13). Wer das Laufpensum reduzieren möchte, sollte Bus- und Fährverbindungen nutzen, bei denen man auch unterwegs die Aussicht genießen kann.

Wer die Stadt am liebsten zu Fuß erkundet und ein Faible für das **historische Sydney** hat, sollte sich im Stadtteil **The Rocks** (s. S. 17) etwas genauer umschauen. Seine Lage am Hafen ist allein schon charmant und hier bekommt man das **Opernhaus** 11, die **Skyline**, das Fährterminal **Circular Quay** 8 und die **Sydney Harbour Bridge** 7 auf einen Schlag zu sehen. Touristen kommen oft nicht weiter als bis zur George St und zu den Lagerhäusern am Campbell's Cove 6, aber ein Bummel in den Straßen von **Millers Point** lohnt sich, schon allein wegen eines Besuchs der ältesten Pubs der Stadt wie dem **Lord Nelson Brewery Hotel** (s. S. 74) und dem **Hero of Waterloo** (s. S. 74). Man sollte auf keinen Fall einen Besuch im **Museum of Contemporary Art** 2 auslassen. Besonders in Sachen Kunst der Aborigines wird einem hier so manches nähergebracht.

Liebhaber des Großstadtgefühls mit einem Faible für moderne Wolkenkratzer, schnelles Citytempo und Interesse an historischen Prachtbauten kommen im **Central Business District (CBD)** zwischen Circular Quay 8 und Hyde Park 22 auf ihre Kosten. Hier arbeitet der Hauptteil der Bevölkerung, hier geht man einkaufen, hier isst man sein Mittagessen. Freitagabends ziehen die Angestellten nach Feierabend in die unzähligen Bars und Pubs, um das Wochenende einzuläuten.

Abseits der Highlights entlang der **Macquarie St** [F3/4] sollte man einen Stopp am **Martin Place** 17 und natürlich rund um die Shoppingmeile **Pitt Street Mall** 18 einlegen, wo man Prachtbauten aus der Blütezeit der Kolonie vorfindet.

Darling Harbour [D3] ist neben The Rocks und Circular Quay zweifellos eine der beliebtesten Flaniermeilen mit Hotels, Restaurants und Nachtklubs, den nahe gelegenen Museen sowie den faszinierenden Tierwelten im **Sea Life Aquarium Sydney** 35 oder im **Wild Life Zoo** 36. Sucht man dann inmitten des fröhlichen Gewirrs nach einer ruhigeren Oase, ist man im **Chinese Garden of Friendship** 31, einem chinesischen Garten mit Teehaus am Rande von **Chinatown** 30, an der richtigen Adresse.

◁ Vorseite: Imposanter Blick über die Blackwattle Bay

101sy Abb.: jn

Stürzt man sich gern ins Nightlife, sind die nahen Vororte wie **Kings Cross** 39, **Potts Point** [H4] und **Darlinghurst** [G5] nach wie vor beliebt. Diese kann man je nach Lage seines Hotels auch von der Stadt aus schnell zu Fuß erreichen, ansonsten per Bus. Kings Cross ist bekannt für seine Nachtklubs, die vielen Backpacker Hostels und die Überreste der Rotlichtszene. Hier und in den angrenzenden Vororten Potts Point und Darlinghurst findet man vor allem entlang der Victoria St 40 und der Darlinghurst Rd [G5] jede Menge Cafés, Bars und Restaurants für unterschiedliche Budgets.

Die **Gay-Szene** ist entlang der Oxford St 44 in Darlinghurst zu Hause und zwar, ohne sich zu verstecken. Hier wird alljährlich einer der größten Straßenumzüge zum Thema „Gay Pride" veranstaltet – der **Sydney Gay and Lesbian Mardi Gras** (s. S. 51). Es ist daher kaum verwunderlich, dass es rund um die Oxford St jede Menge Nachtklubs für Nachteulen der LGBT-Community gibt. Auch sind hier reichlich Restaurants, Cafés und Bars angesiedelt. Die „besseren" Adressen zum Essen und Trinken findet man im angrenzenden Surry Hills, z. B. entlang der Crown St [F5/6].

Steht einem der Sinn mehr nach studentischem Flair, ist man auf der Glebe Point Road 48 in **Glebe** (s. S. 53) an der richtigen Adresse, ein charmanter Vorort zwischen der ältesten Universität Australiens, der Sydney University, und der beschaulichen Blackwattle Bay. Passionierte Stadtbummler können auch diesen Vorort leicht zu Fuß erreichen (ansonsten per Bus). Die historischen Gebäude in Glebe sind vielleicht we-

Der Wulugul Walk für Fußgänger und Fahrradfahrer zwischen Barangaroo Reserve 5 und Barangaroo South

EXTRATIPP

Sydney mit dem Doppeldeckerbus entdecken

Manchmal ist man z. B. durch den Jetlag zu müde, um die Sehenswürdigkeiten der Stadt auf eigene Faust abzuklappern. Eine willkommene Hilfe bietet der **Doppeldeckerbus von Big Bus Sydney,** der entlang zweier Routen die wichtigsten Sehenswürdigkeiten der Stadt abfährt.

Auf der **Sydney Tour** hält der Bus an 23 Haltestellen (u. a. The Rocks, Sydney Opera House, Kings Cross, Darling Harbour, Chinatown). Auf der **Bondi Tour** hält der Bus an 10 Haltestellen in den Küstenvororten zwischen Bondi Beach und der City. Die Fahrkarten für beide Busse gelten 24/48 Stunden (35/50 $). Man kann damit an den Haltestellen entlang der Route beliebig oft ein- und aussteigen. Die Busse fahren im 15- bzw. 30-Minuten-Takt.

Selbst wenn man gar nicht aussteigt, genießt man von der obersten Open-air-Etage des Busses eine fantastische Aussicht und bekommt einen guten ersten Überblick über Sydney.

› www.bigbustours.com

nig spektakulär, aber ein Bummel in dem hippen, stadtnahen Vorort lohnt sich allemal. Hier gibt es eine interessante Ansammlung von unabhängigen **Buchläden** und Glebe glänzt jeden Samstag mit der locker-fröhlichen Atmosphäre auf den **Glebe Markets** (s. S. 86). Auch am Abend hat die Uni-Gegend einiges zu bieten: Entlang der Glebe Point Road und in den Seitenstraßen gibt es noch urige, traditionelle **Eckkneipen,** in denen Rockbands auftreten oder Quizabende veranstaltet werden. In der frisch sanierten Kensington Street am Rande des neuen **Central Park** 29 entsteht hingegen eine neue, hippe Café-, Restaurant-, Bar- und Galerieszene, die die Studenten und andere Kreative der Gegend ebenso anlockt wie Bewunderer des Anfang 2015 neu eröffneten **UTS-Gebäudes** (s. S. 41) des Stararchitekten Frank Gehry.

Ebenso empfehlenswert sind die **Paddington Markets** 44 in **Paddington.** Das Stadtviertel wird von den Boutiquen **australischer Modedesigner** und von **Kunstgalerien** geprägt. Entsprechend findet man auf dem wöchentlichen Samstagsmarkt Bekleidungskreationen, Modeaccessoirs, Kunsthandwerk und Kunst von noch wenig bekannten Designern und Künstlern.

In Sydneys Strandvororten **Bondi Beach** 50 und **Manly** (s. S. 62) steht die natürliche Schönheit des Strandes, der Klippen, der **Meeresfreibäder** (s. S. 56) und des *Bushland* im Vordergrund. Es dreht sich alles um Strandleben und Surferszene. Der Naturfreund kommt auf den Wanderpfaden entlang der Küste auf seine Kosten. Überhaupt ist ein Strandbesuch in Sydney ein Muss! Auch wenn man keine Ambitionen hat, sich beim Wellenreiten zu versuchen, so ist es doch eine wahre Wonne, den Surfern vor Ort bei ihrem Ritt zuzuschauen.

▷ Eines von mehr als 150 Kreuzfahrtschiffen, die jährlich am Overseas Passenger Terminal in The Rocks anlegen

Ein Kurztrip nach Sydney

Für nur ein, zwei oder drei Tage in Sydney nimmt man vermutlich kaum den langen Flug von Europa nach Australien auf sich, aber dennoch kann man in diesem Zeitraum die Essenz der Stadt hautnah erleben.

Die folgenden Sightseeingtipps vermitteln dem Besucher das relaxte Gefühl der australischen Beachkultur und bieten einen kontrastreichen Streifzug durch Downtown Sydney. Man erhält tiefe Einblicke in eine spannende Stadt mit historischem Erbe, die sich Dank ihrer ambitionierten Sanierungsprojekte wie zu Beginn der Jahrtausendwende in Darling Harbour (s. S. 39) und aktuell in Barangaroo South (s. S. 100) immer wieder neu erfindet.

Die Küstenlinie am Sydney Harbour, die jahrhundertelang der Industrie, der Verteidigung und dem Handel diente, wird zurzeit in attraktive Wohn- und Freizeitflächen verwandelt. Durch die natürliche Schönheit des Hafens empfiehlt sich die Gegend auch jedem Besucher für einen Spaziergang.

Erster Tag

Vormittags: Historischer Hafen und Opernhaus

Das Fährterminal **Circular Quay** (8) ist der ideale Ausgangspunkt für einen Bummel zu dem Wahrzeichen von Sydney schlechthin: der **Hafenbucht** der Stadt mit dem architektonischen Wunderwerk **Sydney Opera House** (11), den **Royal Botanical Gardens** (12) und der geschwungenen **Sydney Harbour Bridge** (7).

An der Brückenseite des Circular Quay lohnt sich eine Erkundung der schmalen Gassen von **The Rocks,** Sydneys Altstadt, dem Ort, an dem die einstige Strafgefangenenkolonie gegründet wurde. Hier kann man z. B. einem Teil des auf Seite 13 beschriebenen Stadtspaziergangs folgen.

052sy Abb.: sb

053sy Abb.: sb

Nachmittags: Küstenspaziergang

Am einfachsten ist es, mit einer der Fähren vom Circular Quay nach **Manly** zu fahren. Mit ein wenig Glück bekommt man auf der halbstündigen Fahrt je nach Saison Delfine oder auch mal einen Wal zu sehen. In Manly bietet sich ein Spaziergang an. In einem der Restaurants oder Cafés kann man zu Abend essen, bevor man mit der Fähre bei Sonnenuntergang nach Sydney zurückfährt (im Hochsommer gegen 20 Uhr).

Alternativ kann man z.B. mit dem Taxi nach **Bondi Beach** 50 fahren, einem der wohl berühmtesten Strände Australiens mit einem der schönsten Meeresfreibäder, in dem der wohl traditionsreichste Rettungsschwimmerklub Australiens untergebracht ist: die Bondi Icebergs (s. S. 58).

Natur- und Wanderfreunden wird es beim Anblick des populären Klippenpfads (s. S. 58) entlang der Küste mit Sicherheit gleich warm ums Herz. Mit dem Taxi ist man schnell wieder in Sydney oder zurück in Bondi Beach. (Mit dem Bus ist die Fahrt recht umständlich.)

Zweiter Tag: Shopping und historisch interessante Bauten

Vormittags

Egal ob man shoppen möchte oder ob man an den historischen Glanzbauten Sydneys interessiert ist, in beiden Fällen sollte man das Areal zwischen Martin Place, Pitt Street Mall und Hyde Park erkunden. Mitten im Getümmel des **Central Business District** (s. S. 24) befinden sich nicht nur die meisten Bürogebäude und Bankniederlassungen, sondern auch viele **Einkaufsstraßen** und **alteingesessene Museen**.

Entlang der George Street wird derzeit eine Straßenbahntrasse gelegt und der Abschnitt zwischen Hunter und Bathurst Street in eine autofreie Zone verwandelt. Bis zur geplanten Inbetriebnahme 2019 ist das Stadtzentrum daher voller Baustellen.

Die parallel zur George Street verlaufende Fußgängerzone **Pitt Street Mall** 18 wird vom 309 m hohen **Sydney Tower Eye** 19 überragt. In den oberen Etagen des schmucken viktorianischen **The Strand Arcade** (s. S. 83) kann man die Boutiquen vieler namhafter australischer Modedesigner aufsuchen. Nicht verpassen sollte man die **Hyde Park Barracks** 26 am Rande des **Hyde Park** 22, wo Anfang des 19. Jahrhunderts die Strafgefangenen untergebracht wurden.

Exklusive Boutiquen im viktorianischen Flair der Strand Arcade (s. S. 83) laden zum Flanieren ein

Nachmittags: Uni-Gegend, Chinatown und Darling Harbour

Mit der U-Bahn ist man schnell an der **Central Station** 28 und damit nur noch einen Katzensprung von zwei Universitäten Sydneys entfernt: der **Sydney University** 47 mit ihrer hübschen neugotischen Architektur und der **University of Technology Sydney** am Rande von Chinatown, deren bislang unscheinbare Gebäude Anfang 2015 mit der Neueröffnung des Dr-Chau-Chak-Wing-Gebäudes des berühmten kanadisch-amerikanischen Stararchitekten **Frank Gehry** aufgewertet wurden (s. S. 41).

Hinter dem Hauptbahnhof in Richtung der Sydney University und Glebe ist mit dem **One Central Park** (s. S. 39) im selben Jahr noch ein ganz anderes revolutionäres, architektonisches Wunderwerk eröffnet worden: nachhaltig und pflanzenübersät. Flankiert wird es von der frisch sanierten **Kensington Street**, einer neuen hippen Café- und Bargegend.

Mehr Uni-Flair findet man entlang der **Glebe Point Road** 48, wo man noch einige nette traditionelle Eckkneipen mit Livemusik finden kann. Wer das Herumstöbern auf Märkten liebt, für den ist an einem Samstag der Besuch der **Glebe Markets** (s. S. 86) ein Muss. Den Abend kann man je nach Geschmack in Glebe, im nahegelegenen **Chinatown** 30 oder in den pittoresk am Wasser gelegenen Restaurants oder Klubs der **King Street Wharf** (s. S. 42) oder der **Cockle Bay Wharf** 33 in Darling Harbour ausklingen lassen. Letztere erreicht man man einfachsten über die **Goods Line**, einen Fußgängerweg von der Central Station nach Darling Harbour. Insbesondere wenn man mit Kindern reist, kann man den Nachmittag auch umgekehrt angehen und erst Darling Harbour besuchen, wo man einen Besuch im **Aquarium** 35, **Wild Life Zoo** 36 oder **Maritime Museum** 37 einplanen sollte. Auch hier in Darling Harbour verändert das Megabauprojekt Barangaroo das Angesicht der Metropole mit einer Reihe an Hochglanzhochhäusern, einem neuen Shoppingareal, einem neuen Fährterminal sowie öffentlichen Parkanlangen (s. S. 99).

Stadtspaziergang

Frisch und munter geht es direkt nach dem Hotelfrühstück zum Altstadtviertel **The Rocks** (s. S. 17). Hier liegen die Wurzeln Australiens, denn hier wurde 1788 die erste Strafgefangenenkolonie auf dem Kontinent gegründet. The Rocks ist jedoch auch von hervorragenden Beispielen moderner Städteplanung umgeben, bei der man die besondere Geschichte der Stadt immer im Blick behält.

Vom Fährhafen **Circular Quay** 8 aus kann man gemütlich am Ufer entlang in Richtung Sydney Harbour Bridge 7 schlendern. Das erste Gebäude im Art-déco-Stil ist das **Museum of Contemporary Art (MCA)** 2, in dem es eine hervorragende Sammlung zeitgenössischer australischer Kunst gibt. Besonders hervorzuheben ist der Neubauflügel des Museums, in dem die umfangreiche Sammlung von Aboriginekunst bestens zur Geltung kommt. Von der George St, der Lebensader von The Rocks, taucht man schräg gegenüber dem Museum in die sehr schmale Gasse **Suez Canal** ein, wo im 19. Jh. die Prostituierten und Gauner herumlungerten. Heute findet man hier Informationstafeln und lebensgroße Scherenschnitte von einigen dieser „illustren" Figuren.

Am Ende der Gasse geht man rechts in die Harrington St und weiter nach links durch die Argyle St, die ca. 7 Meter tief in den Sandstein von The Rocks gehauen wurde. Dieser sogenannte **Argyle Cut** 4 wird heute von einer Brücke überspannt.

Folgt man der Argyle Street weiter von The Rocks weg, kommt man in eine der neusten Parkanlagen von Sydney, die Ende August 2015 eröffnet wurde: **Barangaroo Reserve** 5. Unterirdisch versteckt sich hier die im September 2015 eröffnete Ausstellungs- und Performancefläche **Cutaway**, in der wie beim Argyle Cut eine riesige Sandsteinwand an die Geschichte der Stadt erinnert.

Routenverlauf im Stadtplan
Der hier beschriebene Spaziergang ist mit einer farbigen Linie im Stadtplan eingezeichnet.

Verlässt man den Park am Towns Place, ist man über die Dalgety Street schnell zurück im Herzen des Viertels Millers Point, wo man auf zwei der ältesten Kneipen der Stadt trifft, die beide einen Besuch wert sind: das **Lord Nelson Brewery Ho-**

Kuriose Details über Sydney

- *Die **„Nonnenhaube“ („Nun's Scrum“)** wird das Sydney Opera House* 11 *genannt, das neue **UTS-Gebäude** (s. S. 41) des Architekten Frank Gehry wurde nachvollziehbar „Papiertüte“ („paper bag“) getauft und die Sydney Harbour Bridge* 7 *ist schlicht der **„Kleiderbügel“ („Coat Hanger“).***
- ***5,2 Mio. Sydneysider** verteilen sich auf großzügige **12.444 km² Fläche,** von der aber nur ca. 4000 km² bewohnt sind, der Rest ist Buschland. Im Vergleich dazu leben 3,5 Mio. Berliner auf nur 891 km² und 8,5 Mio. New Yorker auf ca. 790 km² Fläche.*
- *Seit 2009/2010 hat sich die Zahl der **Kreuzfahrtschiffe,** die in Sydney anlegen, mehr als verdoppelt. 2015/2016 waren es 311 Stück (schon wieder 11 % mehr als im Jahr zuvor)!*
- ***Australian Football** wurde in Victoria erfunden und in New South Wales nicht beachtet, bis man 1981 den finanzschwachen South Melbourne Club nach Sydney verpflanzte und ihn in Sydney Swans umbenannte, um die Sydneysider, die traditionell nur für Rugby schwärmen, für „Aussie Rules“ (s. S. 119) zu begeistern. Die Rechnung ging auf und die Sydneysider stehen zunehmend hinter ihrem Klub.*
- *Sydney ist die **größte der australischen Bundeshauptstädte** und liegt weit von den anderen entfernt: Es sind 881 km bis Melbourne in Victoria, 938 km bis Brisbane in Queensland, 1170 km bis Hobart in Tasmania, 1406 km bis Adelaide in South Australia und 3970 km bis Perth in Western Australia.*
- ***Baristas** haben in Sydney Starpotenzial, denn sie sind mitverantwortlich für das Kreieren der perfekten Tasse Kaffee. Im „Sydney Morning Herald Good Cafe Guide“ wird seit einigen Jahren die konkrete Kaffeemarke genannt, die in den dort aufgeführten Cafés aufgebrüht wird.*

tel (s. S. 74) am Ende der Argyle St und das **Hero of Waterloo** (s. S. 74) in der Lower Fort St.

Der Weg führt nun durch die Lower Fort St zurück bis zur eher unspektakulären Holy Trinity Anglican Church, die schlicht **Garrison Church** 4 genannt wird, da viele Angehörige des Militärs hier die Gottesdienste besuchten. Hinter der Kirche links kommt man wieder zum Argyle Cut. Über einen **Treppenaufgang** gelangt man über einige Stiegen in die Playfair St mitten in The Rocks. Über die Mill Ln erreicht man die parallel zur Playfair St verlaufende Kendall Ln, wo sich das **The Rocks Discovery Museum** (s. S. 67) befindet, das sich mit der Geschichte des Stadtviertels beschäftigt. Am Ende der Straße erreicht man nach links über die Argyle St wieder die George St, wo sich auf der gegenüberliegenden Straßenseite das **Cadman's Cottage** unter einigen Bäumen versteckt. Es gehört zu den ältesten erhaltenen Gebäuden von The Rocks. Samstags und sonntags kann man an der George St auf den **The Rocks Markets** (s. S. 19) an Straßenständen Kunsthandwerk kaufen. In der Straße sind außerdem die Galerien einiger bekannter australischen Künstler und das hervorragende **Craft NSW** (s. S. 68), eine Galerie der Kunsthandwerkgilde von NSW, ansässig.

Hinter dem Craft NSW trifft man auf die Hickson Rd, die direkt zu den ehemaligen Lager- und Packhäusern am **Campbell's Cove** 6 führt, die einen 30-Mio.-Dollar-Facelift bekommen sollen. Von hier aus hat man einen ausgezeichneten Blick auf die beiden Wahrzeichen von Sydney: die **Sydney Harbour Bridge** 7, auf der mehrmals täglich grau gekleidete Touristengruppen über die anmutige Stahlkonstruktion wandern, und das berühmte Sydney Opera House mit seiner erstaunlichen Dachkonstruktion.

Wandert man entlang der Bucht langsam zurück zum Circular Quay 8 und weiter in Richtung Opernhaus gibt es en route eine Vielzahl von Restaurants und Bars, die sich für eine Mittagsmahlzeit eignen.

Frisch gestärkt flaniert man bis zum **Sydney Opera House** 11, um das architektonische Meisterwerk des dänischen Architekten Jørn Utzon näher in Augenschein zu nehmen. Idealerweise hat man im Vorfeld für diesen Tag den Besuch eines Konzertes o. Ä. gebucht, um sich das Gebäude so auch von innen ansehen zu können. Es sind jedoch auch Führungen möglich.

Cutaway: eine spektakuläre Ausstellungs- und Eventfläche unterhalb des Barangaroo Reserve 5

Nach all den gesammelten Eindrücken kommt man in den **Royal Botanic Gardens** 12, die an das Opera House anschließen, wieder zur Ruhe. Mitten im Park kann man die unzähligen Flughunde in der Nähe des Palm Grove Centre (ausgeschildert) bestaunen, die dort kopfüber von den Bäumen hängen oder gerade kreischend ihre Fledermausflügel für einen kleinen Rundflug gespreizt haben. Wer eine Pause braucht, kann sich zum Entspannen auf dem Gras niederlassen und den Blick auf die Skyline oder Sydney Harbour bestaunen. Auf der Anhöhe im Park befindet sich gegenüber dem Sydney Opera House das **Government House** 13, das derzeit wieder als offizielle Residenz des Gouverneurs von New South Wales dient und vor allem für repräsentative Anlässe, aber auch für wöchentliche Sitzungen genutzt wird.

Man verlässt den Botanischen Garten am besten durch das Palace Garden Gate (ausgeschildert), das zur Macquarie St [F3] führt. Auf dieser Straße stößt man in Richtung Hyde Park auf eine ganze Reihe von Prachtbauten aus der Glanzzeit Sydneys: die **State Library** mit der **Mitchell Library** 14, das **Parliament House** 15, das **Sydney Hospital** und **The Mint** 16, die **Hyde Park Barracks** 26, das **Department of Lands** (1 Prince Albert St [F4]) und das auffallende Duo **St James' Church** und **NSW Supreme Court** 25. Man sollte unterwegs mindestens einen Blick in das Foyer der Mitchell Library werfen und bei Interesse an Büchern zum Thema Australien seine Nase in den Buchladen der State Library stecken. Ein Besuch der Hyde Park Barracks lohnt sich ebenfalls.

Am Ende der Prachtstraße Macquarie St liegt der schöne **Hyde Park** 22 mit seinem fotogenen Archibald-Brunnen, dem ANZAC War Memorial und der 2014 eingeweihte Aboriginal-Installation „Yininmadyemi – Thou didst let fall", die an gefallene australische Soldaten erinnert, sowie der katholischen **St Mary's Cathedral** 24, dem größten Sandsteingebäude Australiens, im Hintergrund.

Am Rand des Hyde Parks befindet sich der **St-James-Bahnhof**, der in den 1930er-Jahren gebaut wurde. Unverkennbar ist der Art-déco-Stil mit seinen grün glasierten Fliesen und der alten Leuchtreklame für Chateau Tanunda Brandy am Elisabeth-Street-Eingang. Hier beendet man den Spaziergang und kann z. B. per Sydney Trains zum Circular Quay 8 zurückfahren.

Sydney im Baufieber: Bis 2022 soll Barangaroo 5 fertiggestellt werden

Downtown Sydney

Die meisten Sehenswürdigkeiten der Stadt befinden sich in Downtown Sydney, das auch über eine hervorragende Infrastruktur verfügt, falls die Beine müde werden. Für den Besuch der Strandvororte Bondi Beach 50 *und Manly (s. S. 62) sollte man bei der Planung längere Anfahrtszeiten und die Nutzung von mehreren Verkehrsmitteln berücksichtigen.*

Das charmante Hafengebiet **The Rocks** ist die Wiege des modernen Australiens (s. S. 94). Der schmale Landstreifen wird von den beiden berühmten Wahrzeichen Sydneys dominiert: der gigantischen **Sydney Harbour Bridge** 7, deren gusseiserne Konstruktion wie ein horizontaler Eiffelturm anmutet, und dem berühmten **Sydney Opera House** 11 mit seiner kunstvoll geschwungenen Dachkonstruktion, die an Blütenblätter erinnert. Überragt wird alles von der modernen Skyline Sydneys mit zumeist bläulich schillernden Wolkenkratzern, die sich fotogen auf der Wasseroberfläche im **Sydney Harbour** widerspiegeln.

In Downtown findet man neben modernster Architektur auch restaurierte historische Gebäude, in denen sich zum Teil die wichtigsten Museen befinden, und außerdem reichlich Restaurants, Cafés, Pubs und Nachtklubs. Hier geht man auch in den Einkaufspassagen und Straßen rund um die **Pitt Street Mall** 18 und im neu entdeckten Glanz der viktorianischen **The Strand Arcade** (s. S. 83) und im **Queen Victoria Building** 20 shoppen.

Am Rande von **Chinatown** 30 sorgt **Darling Harbour** [D3] ungeniert touristisch für die nötige Zerstreuung.

The Rocks

Die Siedlungsgeschichte Australiens beginnt in The Rocks, dem damit auch ältesten Stadtteil Sydneys. Hier landeten am 26. Januar 1788 die elf Schiffe der Ersten Flotte unter dem Kommando von Kapitän Arthur Phillip und hier wurde die erste britische Kolonie in Australien gegründet. In The Rocks wird Sydneys früheste Geschichte bei Rundgängen durch die verwinkelten Gassen entlang der liebevoll instand gehaltenen Kolonialbauten wieder lebendig.

In den Fußgängerzonen Playfair St [E2], Kendall Ln [E2] und Nurses Walk [E2] verstecken sich kleine Museen und Cafés. Im **The Rocks Discovery Museum** (s. S. 67) sind vier Ausstellungen zu sehen, die die Geschichte der Cadigal-Aborigines vor und nach der Kolonialisierung der Sydney-Region durch die Briten darstellen.

100sy Abb.: jn

EXTRAINFO

Sydney per Bus erkunden

Um Sydney mit dem **Bus** zu erschließen, sollte man sich eine entsprechende **App** aufs Handy laden (s. S. 127) oder den **Routenplaner der Verkehrsbetriebe** unter www.transportnsw.info verwenden. Man gibt dort seinen Standort und das gewünschte Ziel (z. B. Namen oder Adresse einer Sehenswürdigkeit) ein und bekommt dann die beste Route angezeigt – doppelt sinnvoll in Anbetracht der Bauarbeiten für die Straßenbahnlinie und die Fußgängerzone, wodurch es zu Straßenschließungen und Umleitungen kommt.

Der **Nurses Walk** wurde nach den Nonnen benannt, die hier im ersten Krankenhaus Australiens von 1788 bis 1816 die Kranken versorgten. Ein Spaziergang über diesen „Nonnenpfad" verleitet auch zum Relaxen in einem der hier ansässigen Cafés.

Das kleine Museum **Susannah Place** (s. S. 67) beherbergt einen Kolonialwarenladen aus den 1920er-Jahren, in dem es auch authentische Waren aus dieser Zeit zu kaufen gibt. Das dreistöckige Haus mit sechs Zimmern, einer Küche im Kellergeschoss, traditionellen Außentoiletten und offenen Waschräumen ist ein Beispiel für die frühe Bauweise in der Kolonie.

1 George Street ★★★ [E2]

Entlang der George St reihen sich in renovierten historischen Gebäuden Hotels, Restaurants und klassische Pubs, in denen man auch übernachten kann, sowie Kunstgalerien, Geschäfte und Cafés aneinander.

Ein riesiges **Schwarz-Weiß-Wandgemälde** mit einer Straßenansicht der Sydneys Brown Bear Ln im Jahr 1901 markiert im Schatten des Cahill Expressways den Anfang von The Rocks. Jetzt heißt es Augen auf, denn so manch eine Fassade birgt interessante Details: das neugotische Gebäude der ehemaligen **English, Scottish & Australian Chartered Bank** von 1885 oder nebenan der „grinsende" Löwe mit einem Schlagstock im Maul an der Fassade der **ehemaligen Polizeiwache**, die nunmehr ein französisches Café beherbergt.

Die älteste historische Residenz in The Rocks ist das **Cadman's Cottage**, das leider seit 2013 nicht mehr für die Öffentlichkeit zugänglich ist. Erbaut 1816, diente das Gebäude ab 1845 als Hauptquartier der Wasserschutzpolizei und später wurde es von Seeleuten bewohnt, bis man 1864 nebenan das **Sailors' Home** einrichtete. In Letzterem ist heute u. a. die Galerie eines Künstlers untergebracht.

Unbedingt besuchen sollte man **Craft NSW** (s. S. 68) im ehemaligen Leichenschauhaus von The Rocks. In dem alten Backsteingebäude werden originelle Exemplare australischer Handwerkskunst ausgestellt, die ideale (nicht kitschige) Mitbringsel darstellen. In der George St finden sich noch weitere Galerien.

2 Museum of Contemporary Art (MCA) ★★★ [E2]

Das schlichte Art-déco-Gebäude aus den 1930er-Jahren ist das größte Haus in der George St. Wer sich für Kunst interessiert, sollte hier unbedingt einmal vorbeischauen.

Präsentiert werden moderne Arbeiten von Künstlern aus den Bereichen **Malerei, Film und Multimedia.** 2012 wurden die 53 Mio. Dollar teure Renovierung des Museums und seine Erweiterung um den „Mordant Wing" im

EXTRATIPP

Events in The Rocks

› **The Rocks Markets,** George St, Playfair St und Jack Mundey Place [E2], Sa./So. 10–17 Uhr. Hier werden vor allem touristisch ausgerichtete Kunsthandwerkprodukte verkauft. Freitags gibt es am Jack Munday Place den The Rocks Friday Foodie Market mit Produkten aus der Umgebung (Fr. 9–15 Uhr).

› **The Rocks Aroma Festival,** George St und Playfair St [E2], Ende Juli, www.therocks.com. Ein Festival rund um Kaffeeröstungen, Kaffeemaschinen, Kaffee trinken – sprich Barista-Kultur! Außerdem gibt es Kostproben von Schokolade, Tee und Gewürzen.

Mondrian-Stil abgeschlossen. Seither ist die Ausstellungsfläche, auf der die **Aboriginekunstsammlung** zur Schau gestellt werden kann, doppelt so groß.

› 140 George St, www.mca.com.au, geöffnet: tägl. 10–17 Uhr (Mi bis 21 Uhr), Eintritt: frei, kostenlose Führungen tägl. 13 und 15 Uhr. Vom MCA Café im 4. Stock hat man eine tolle Aussicht, relaxt ist es auch im MCA Graze und japanische Häppchen gibt es in der Cherry Blossom Bar, beide im Erdgeschoss (Letztere nur im Sommer geöffnet). WLAN.

3 Sydney Observatory ★★ [E2]

Das älteste Gebäude des Observatoriums stammt aus dem Jahr 1848 und fungierte einst als Signalstation. Heute ist auf dem Gelände das **Museum für Astronomie** untergebracht mit einer Ausstellung **astronomischer Instrumente** und einer **Zeitball-Uhr,** die früher täglich um exakt 13 Uhr ertönte. Außerdem erfährt man, was die Aborigines über die Entstehung des südlichen Himmels denken.

Ein Besuch im Observatorium lohnt sich auch am Abend, denn dann kann man den **Sternenhimmel der südlichen Hemisphäre** bewundern. Hier kann man ganz andere Sterne und Planeten sehen als in Europa und vor allem die Milchstraße lässt sich in Australien klar und deutlich erkennen. Am schönsten ist das **Crux Australis,** die Sternenkonstellation **„Kreuz des Südens“,** die neben dem Union Jack auf der australischen Flagge prangt.

› Observatory Hill, Watson Rd, Tel. 99213485, www.sydneyobservatory.com.au, geöffnet: tägl. 10–17 Uhr, Eintritt: frei (Museum), Führungen 10 $. Auch 3D-Theater und Nachtführung des Teleskops (20–22 $, reservierungspflichtig): 18.15 (konzipiert für Familien mit Kindern) und 20.15 Uhr. Teil von MAAS: Museums for Applied Arts and Sciences, zu dem auch das Powerhouse Museum 32 gehört.

4 Garrison Church und Argyle Cut ★ [E2]

Offiziell gehört die Kirche seit 2013 zur Church Hill Anglican, man nennt sie aber weiter **Garrison Church,** da viele Angehörige des Militärs hier die Gottesdienste besuchten. Der Grundstein der Kirche wurde 1840 gelegt, später wurde sie erweitert, sodass sie heute 600 Menschen fasst. Das für den europäischen Betrachter eher unspektakuläre Gebäude besteht u.a. aus Sandstein aus dem Argyle Cut und an der Ostseite sind schöne Buntglasfenster zu sehen, die sonst selten australische Kirchen zieren.

Der **Argyle Cut** ist der Abschnitt der Argyle St, der seit Stilllegung der örtlichen Steingrube The Rocks und Millers Point verbindet. Ab 1843 schlugen hier zunächst **Strafgefangene** mit Hammer und Meißel den Sandstein aus dem Hügel und nachdem

EXTRATIPP

Streifzug durch historische Kneipen

Das seit 1841 ungebrochen beliebte **Lord Nelson Brewery Hotel** (s. S. 74) gilt zusammen mit dem Hero of Waterloo als **einer der ältesten Pubs in Australien.** Im Lord Nelson werden noch immer **sechs Biersorten nach eigener Rezeptur** gebraut, die man zuweilen bei Livejazz oder -rockmusik genießen kann. Das **Hero of Waterloo** (s. S. 74) ist ein echtes Urgestein unter den Pubs, wo trotz aller einkehrenden Touristen auch noch immer urige Seebären der Hafengegend ein und aus gehen. Hier gibt es jeden Fr., Sa. und So. Livejazz, -folk oder irische Musik.

Weitere Pubs, die sich für eine historische Kneipentour eignen, sind z. B.

- **1** [E2] **Australian Hotel,** 100 Cumberland St, Tel. 92472229. Das im edwardianischen Stil erbaute Lokal der Resch's Brewing Company von 1913 bietet im Bistro exotische Pizzas mit Kängurufleisch, Pekingente und Tandoorihähnchen sowie Biere von 39 australischen Brauereien. Auch Hotelzimmer, WLAN.
- › **Harbour View Hotel** (s. S. 74). Eine typische Art-déco-Kneipe mit eher traditionellen australischen Gerichten wie Barramundi Filet (Fisch), Angus Rumpsteak oder Lammschulter.
- **2** [E1] **Mercantile Hotel,** 25 George St, Tel. 92473570. Das unter Denkmalschutz stehende Mercantile Hotel aus dem Jahr 1915 ist ein nach wie vor populärer Irish Pub mit Irish Stew und dem berühmten Steak and Guinness Pie auf der Speisekarte. Irische Bands und sogenannte Bush Bands spielen hier am Wochenende live (bis 1 Uhr). WLAN.
- › **The Glenmore Rooftop Hotel** (s. S. 74). Von der Dachterrasse des 1921 im georgianischen Stil erbauten Pubs hat man eine gute Sicht auf The Rocks, Sydney Harbour, Sydney Opera House und die Skyline der Stadt.
- **3** [D1] **Hotel Palisade,** 35 Bettington St, www.hotelpalisade.com. Charmantes Pubhotel mit Hotelzimmern, Restaurant und Bar mit klassischer glasierter Wandbefliesung. Und das alles gleich neben dem Barangaroo Reserve!
- › **Powerhouse Museum Walking Tours:** informative App mit Infos zur Geschichte der historischen Pubs: „Sydney Heritage Pub Crawl" (für iOS und Android).

024sy Abb.: eg

Urig-gemütlich ist ein Besuch im Hero of Waterloo (s. S. 74)

man den Transport von Strafgefangenen aus England stoppte, wurden Arbeiter angeheuert, die die ca. 30 m breite und 30 m tiefe Schneise mithilfe von Sprengstoff 1859 vollendeten.

- › **Garrison Church,** Argyle St/Lower Fort St, nur zur Messe: So. 9.30 und 16 Uhr

5 Barangaroo Reserve und Cutaway ★★★ [D2]

Seit August 2015 ziert das neu eröffnete Barangaroo Reserve die Küste zwischen Darling Harbour und Walsh Bay. Über 100 Jahre lang war das Küstenstück nicht zugänglich. Jetzt hat die Küstenlinie ihre neue Form und wird durch treppenartig bis ins Wasser angelegte riesige Sandsteinquader eingefasst, die zum **Klettern** einladen.

Zuletzt befand sich in dem Gebiet ein stillgelegter Containerhafen, mit dessen über 6 Milliarden Dollar teuren Umbau 2012 begonnen wurde. Die endgültige Fertigstellung ist für 2022 geplant – ein ehrgeiziges Sanierungsprojekt, das man anschauen sollte (s. S. 99).

Der mit 83 einheimischen Pflanzenarten angelegte **Park** wurde von dem renommierten Landschaftsarchitekten Peter Walker entworfen, der auch das 9/11-Memorial in Manhattan kreiert hat. Vom Park hat man eine tolle Sicht auf Sydney Harbour hinter Goat Island, zur Berry Bay und auf die City.

Barangaroo ist ein neuer Hotspot, von wo aus man auch das spektakuläre **Silvesterfeuerwerk** genießen kann, das gleich zweimal von der Sydney Harbour Bridge und von Booten im Hafen abgefeuert wird: als Familienfeuerwerk um 21 Uhr und dann noch einmal um Mitternacht. Aus Sicherheitsgründen wird der Zugang zu Barangaroo an Silvester jedoch über den Verkauf von Tickets kontrolliert.

Ungewöhnlich ist, was sich unter den 12.000 m² messenden Parklandschaft versteckt: Im September 2015 eröffnete hier das unterirdische **Cutaway**, eine riesige Ausstellungs-, Konzert- und Performancefläche. Die 50 m breite und 150 m lange Halle wird durch 14,5 m hohe Betonsäulen gestützt und von einer Sandsteinwand flankiert, die zum Himmel hin offen ist. Von hier kommt man per Lift zur darüberliegenden Parklandschaft. Unter dem Cutaway gibt es darüber hinaus eine zweistöckige **Tiefgarage** und **Wassertanks** für 1500 m³ Regenwasser, die bis zu 17 m unter dem Meeresspiegel im Gestein liegen. Damit ist das Cutaway ein bautechnisches Wunderwerk. Auf längere Sicht will man hier evtl. ein Zentrum für die Kunst und Kultur der Aborigines einrichten.

› Infos zu Veranstaltungen in Barangaroo und Cutaway: www.barangaroo.sydney

6 Campbell's Cove und Dawes Point Park ★★★ [F1]

An der Spitze von The Rocks wird einem eine Flaniermeile mit historischer Häuserkulisse und wunderschöner Aussicht auf die Sydney Harbour Bridge und das Sydney Opera House geboten.

Einst herrschte hier in **Campbell's Cove** an der Spitze von The Rocks **geschäftiges Treiben.** In den zwischen 1838 und 1861 gebauten **Lagerhäusern** des Händlers Robert Campbell wurden Wolle, Zucker, Walöl und Seehundfelle gelagert, bis sie auf Schiffe geladen und nach Europa, Amerika oder Afrika gebracht wurden. In den hübsch restaurierten Sandsteingebäuden ist heute eine Vielzahl an **Restaurants** untergebracht. Jetzt, da die Sanierung von Barangaroo 5 schon zu einem großen Teil abgeschlossen ist, sollen Campbell's Cove und das angrenzene Gebiet bis 2018 ebenfalls renoviert werden, um sie zu einem Glanzstück zu machen.

Am nördlichen Ende von Campbell's Cove liegt das komplett modernisierte **Overseas Passenger Terminal** mit dem edlen Restaurant Quay (s. S. 73) und der Cruise Bar (s. S. 79), in denen man nebst gutem Essen einen unschlagbar schönen Blick auf das Sydney Opera House und den Hafen geboten bekommt. Hier und am anderen Kreuz-

EXTRATIPPS

Auf ins Vergnügen

Am North-Sydney-Ufer der Sydney Harbour Bridge sieht man vor allem am Abend den hell erleuchteten Luna Park, der einen mit seinem Eingangstor in der Form eines überdimensionalen Gesichts begrüßt. Der Luna Park wurde 1935 als der **erste Vergnügungspark Sydneys** eröffnet. Mehr als die Hälfte der Attraktionen auf dieser permanenten Kirmes sind für Teenager und Erwachsene gedacht, aber auch die Allerkleinsten kommen auf ihre Kosten.

★4 [I] **Luna Park,** Milson's Point, North Sydney, Fähre von Circular Quay nach Milson's Point/Luna Park, Öffnungszeiten variieren je nach Monat und Wochentag, siehe www.lunaparksydney.com, Eintritt: 48 $, Kinder 22/38 $ (85–105 cm/106–129 cm), montags etwas preiswerter

Aufregende Brückenbesteigung

Die Sydney Harbour Bridge 7 kann man nicht nur bestaunen, sondern auch besteigen! Schaut man genau hin, kann man tagtäglich deutlich die **grau-blau gekleideten Kletterer** erkennen, die sich an den Aufstieg machen. Unter der Aufsicht von professionellen „Bergsteigern" erklimmt man die 134 m hohe Brücken-Stahlkonstruktion. Man sollte schwindelfrei, nüchtern (wird getestet) und mind. 10 Jahre alt sein sowie Turnschuhe oder Trekkingschuhe tragen!

•5 [E1] **Bridge Climb,** 3 Cumberland St, The Rocks, Tel. 82747777, www.bridgeclimb.com, 248–383 $ (je nach Monat u. Tageszeit), Kurztrip zur halben Höhe 158–173 $. Reservierung empfohlen!

fahrtschiffhafen White Bay sollen 2017 rund 330 Kreuzfahrtschiffe anlegen. Das sind zweieinhalbfach so viele wie noch 2009/2010, weshalb das White Bay Cruise Terminal am Rand von Balmain 2013 überhaupt gebaut und das Overseas Passenger Terminal 2015 erneut saniert wurde (Fahrplan unter www.portauthoritynsw.com.au/cruise/cruise-schedule).

Markant ist auch das **fünfstöckige Backsteingebäude** in Campbell's Cove, welches 1883 durch die Australasian Steam Navigation Co. unter Leitung des Architekten William Wardell mit Giebeln im flämischen Stil und einem fantastischen Glockenturm erbaut wurde. Unter den historischen Gebäuden an Campbell's Cove fällt auch ein **Schornstein** auf. Dieser gehört zur 1903 erbauten George St Electric Light Station, die jedoch nie in Betrieb genommen wurde.

Am äußersten Zipfel von The Rocks bietet sich vom **Dawes Point Park** unterhalb der Sydney Harbour Bridge 7 eine wunderschöne Aussicht auf eben diese Brücke, das Opernhaus 11, den Circular Quay 8 und die Skyline der Stadt. Ob Hobbyfotograf oder Profi, alle finden sich hier für ein Shooting ein.

Benannt wurde der Park nach Leutnant William Dawes, einem Astronom, der Sydneys erstes Observatorium baute und das erste Wörterbuch mit Worten der Eora-Bevölkerung verfasste.

▷ *Die Sydney Harbour Bridge kann man auch „erklettern"*

055sy Abb.: sb

7 Sydney Harbour Bridge ★★★ [F1]

Einst gab es an dieser Stelle lange Warteschlangen, um mit der Fähre nach North Sydney überzusetzen. Seit 1932 überspannt die Sydney Harbour Bridge den 503 m breiten Hafen.

Im Jahr 1890 transportierten die **Sydney Ferries** bereits 5 Mio. Passagiere, 378.500 Fahrzeuge und 43.800 Reiter. Einzige Alternative, um auf die Nordseite des Hafens zu gelangen, war eine 20 km lange Route über fünf Brücken. 1922 erhielt die englische Firma **Dorman Long and Co. Ltd.** den Auftrag für den Bau einer Hafenbrücke. Kostenpunkt: 4.217.721 australische Pfund, 11 Schilling und 10 Pence. Das grobe Design stammte von **Dr. J. J. C. Bradfield,** der auch als Vater der Sydney Harbour Bridge gilt. Mitten in der Weltwirtschaftskrise mit einer Arbeitslosenquote von 32 % in NSW schuf der Bau der Brücke viele neue Arbeitsplätze.

Die **beiden Brückenbögen** wurden simultan an beiden Uferseiten errichtet. Um zu verhindert, dass sie ins Wasser fielen, wurden sie mithilfe von 128 Kabeln festgezurrt, bis sie schließlich am 20. August 1930 zusammengefügt und die Kabel wieder entfernt werden konnten. Im **Februar 1932** testete man das Bauwerk erstmals unter Volllast. Man parkte dazu 96 Dampflokomotiven auf der Brücke. Alles ging gut und so wurde die Sydney Harbour Bridge am **19. März 1932** durch den damaligen Premierminister John T. Lang **offiziell eröffnet.**

Die vier tragenden, 89 m hohen Betonmasten der Brücke sind mit Granit verkleidet. Es mussten eigens drei Schiffe gebaut werden, um die 18.000 m³ Granit in nummerierten Blöcken von den Steingruben in den Moruya-Bergen ins 300 km entfernte Sydney zu bringen. In einem dieser Betonmasten, dem sogenannten **Pylon Lookout**, gibt es über drei Etagen verteilt eine Ausstellung zum Bau der Brücke und über seinen Chefingenieur Bradfield. Nach dem Erklimmen von 200 Stufen genießt man von der Plattform des Brückenpfeilers aus 87 m Höhe eine wundervolle Aussicht auf Sydney Harbour.

› **Pylon Lookout,** South East Pylon, Sydney Harbour Bridge (über die Bridge Stairs in der Cumberland St auf Höhe der Argyle St erreichbar), www.pylonlookout.com.au, geöffnet: tägl. 10–17 Uhr, Eintritt: 15 $

Central Business District

Zwischen Hauptbahnhof und Circular Quay findet man die modernen Wolkenkratzer, in denen ein Großteil der Sydneysider tagtäglich arbeitet, aber auch die historischen Prachtgebäude und Parkanlagen der Stadt.

8 Circular Quay ★★★ [F2]

Circular Quay ist die Hauptanlegestelle für die Hafenfähren und eine Hafenrundfahrt ist ein Muss für jeden Besucher, allein schon, um Fotos vom Sydney Opera House 11, der Sydney Harbour Bridge 7 und den Wolkenkratzern der City zu machen.

Mindestens einmal sollte man an dem quirligen Verkehrsknotenpunkt in eine der **Fähren** von Sydney Ferries einsteigen, denn es ist die kostengünstigste Variante, eine Hafenrundfahrt zu machen. Von hier kann man z. B. nach Manly, Watsons Bay oder auch nur nach Darling Harbour fahren. Außerdem ist es eine Freude, dem geschäftigen Treiben der ein- und ausfahrenden Fähren zuzuschauen.

Wer kommentierte **Hafenrundfahrten** bevorzugt, sollte nach Privatunternehmen an Circular Quay und Darling Harbour Ausschau halten, die diese kombiniert mit einem Essen oder Entertainment auf dem Schiff u. a. ab Wharf 6 (Circular Quay) anbieten (s. S. 120).

› Sydney Trains: Circular Quay, Alfred St, und alle Fähren zum Circular-Quay-Fährterminal. WLAN.

Am Circular Quay: links das Fährenterminal, rechts der Tank Stream Fountain an der Alfred St (Ecke George St [E2])

9 Customs House ★★ [F2]

Das **ehemalige Zollamt** aus dem Jahre 1844 wurde vom Architekten Mortimer Lewis ursprünglich als einstöckiges georgianisches Gebäude erbaut und 1885 von Barnet zu einem klassisch **italienischen Palazzo mit dorischen Säulen** erweitert.

Im Gebäude ist heute die **modernste Zweigstelle der Stadtbücherei Sydneys** ansässig, in deren Eingangsbereich man eine durchgestylte Lounge mit einem großen Angebot an Zeitungen (auch die FAZ und andere internationale Zeitungen) und Zeitschriften vorfindet. Im Fußboden des Erdgeschosses ist außerdem ein **detailliertes Modell des CBD** im Maßstab 1:500 eingelassen. Ebenfalls im Erdgeschoss befindet sich das Restaurant Young Alfred, während man ganz oben im Cafe Sydney die Aussicht genießen kann.

› 31 Alfred St, geöffnet: Mo.-Fr. 8-24, Sa. 10-24, So. 11-17 Uhr. Bücherei: Mo.-Fr. 10-19, Sa./So. 11-16 Uhr, Sydney Trains: Circular Quay, Alfred St, und alle Fähren zum Circular Quay. WLAN.

Blickt man von einer Fähre zurück auf das Customs House, verschwindet es fast gänzlich hinter der Circular Station. Weiter hinten sieht man seit 2011 ein preisgekröntes Beispiel moderner Architektur: **1 Bligh Street,** an dem das deutsche Architekturbüro Ingenhoven beteiligt war. Wenn man sich für moderne Architektur begeistern kann, sollte man hineingehen, denn von der Eingangshalle kann man bis zum Glasdach des 28-stöckigen, eliptischen Hochhauses mit seinem vertikal gardinenartig gerundeten Innenleben hinaufblicken. Am Eingang an der Bent Street/ Ecke O'Connell Street fällt auch die orange-rot-gelbe Skulptur „Day In, Day Out" des australischen Künstlers James Angus auf, unter der man sich auf einen Kaffee oder Cocktail im Janus Bistro niederlassen kann. In den Genuss der Aussicht auf Sydney Harbour von der mit Bäumen begrünten und windgeschützten Dachterrasse, die man z. B. von den Fähren aus sehen kann, kommen leider nur die Angestellten dieses Gebäudes.

KLEINE PAUSE

Drinks mit Aussicht

6 [F2] **Cafe Sydney,** 5. Stock, Customs House 9, www.cafesydney.com, geöffnet: Mo.-Fr. 12-23, Sa. 17-23, So. 12-16 Uhr. Von hier aus kann man die spektakuläre Aussicht auf den Circular Quay, die Harbour Brigde und The Rocks genießen, während man einen Cocktail oder etwas aus der abwechslungsreichen Speisekarte bestellt. Die Preise sind entsprechend der gebotenen Aussicht eher gehoben. Wer es etwas preiswerter möchte, geht ins Young Alfred im Erdgeschoss. WLAN.

Das einstige Zollamt ist heute eine moderne Bibliothek

029sy Abb.: eg

KURZ & KNAPP

Bushranger
In Australien nennt man Gesetzlose nicht wie in Amerika und England *outlaws*, sondern *bushranger*, weil sie vor allem im australischen Busch ihre Opfer überfielen und beraubten.

⑩ Justice & Police Museum ★ [F2]

In den drei Gebäuden dieses Museums erfährt man alles zum Thema „Recht und Ordnung“ in den Zeiten der Strafgefangenenkolonie. Das neoklassizistische **Gerichtsgebäude der Wasserschutzpolizei** wurde 1856 von Edmund Blacket entworfen, das nebenan gelegene **Polizeigericht** von James Barnet stammt aus dem Jahr 1886 und für die **Wache der Wasserschutzpolizei** aus dem Jahr 1858, die sich wiederum direkt nebenan befindet, zeichnet Alexander Dawson verantwortlich. Heute kann man hier **Gefängniszellen** und auch einen **Gerichtsraum** aus der Zeit Sydneys als Strafgefangenenkolonie besichtigen. Reich bebildert zeigt das Museum außerdem die **Geschichte berühmter Kriminalfälle** und die Geschichte der **bushranger** Frank Gardiner, Ben Hall, Captain Moonlight und Ned Kelly.

› Albert/Phillip St, Sydney Trains: Circular Quay, Alfred St, und alle Fähren zum Circular Quay, http://sydneylivingmuseums.com.au/justice-police-museum, geöffnet: Sa./So. 10–17 Uhr, Eintritt: 12 $

⑪ Sydney Opera House ★★★ [F1]

Am Bennelong Point steht das prachtvolle Opernhaus mit seiner bekannten Dachkonstruktion, die aus mehr als einer Million Keramikziegeln besteht und an Segel erinnert.

Das Opernhaus wurde vom dänischen Architekten **Jørn Utzon** entworfen, der Sydney erstmals im Juli 1957 besuchte, um vor Ort konkrete Ideen zu sammeln. Zurück in Dänemark erarbeitete er mit dem **Londoner Architektenbüro Ove Arup and Partners** die ersten Pläne. **1958** wurde mit den Bauarbeiten begonnen, noch bevor die Pläne für den Rohbau und die Fundamente richtig ausgearbeitet waren – dies sollte den Bau die nächsten 15 Jahre immer wieder unnötig behindern.

Utzons Vision von der **Dachkonstruktion** war eine der größten strukturellen Herausforderungen, denn die Formen folgten keinem Schema und konnten somit nicht vorgefertigt werden. 1961 entwickelte er mit seinen Kollegen ein „sphärisches Design“, das die Verwendung von gekrümmten Trägern beinhaltete, auf denen gleichförmige, gekrümmte Paneele ruhen konnten. Die Montage des Daches des Sydney Opera House wird als die schwierigste der Baugeschichte beschrieben.

Immer wieder kam es zu **Auseinandersetzungen** zwischen Utzon und der Landesregierung sowie den Mitgliedern von Ove Arup and Partners. Im Februar 1966 **reichte Utzon seinen Rücktritt von dem Projekt ein** und war nicht mehr versöhnlich zu stimmen. Es folgte ein enormer Protest in Sydney. Angeführt von einigen der renommiertesten australischen Architekten der Zeit gab es öffentliche Demonstrationen und es wurde verlangt, dass man alles tun müsse, um Utzon zum Bleiben zu bewegen. Es half aber alles nichts, Utzon verließ Sydney Anfang 1966 und kehrte nie zurück. Viele seiner Pläne für das Interieur wurden deshalb nie umgesetzt.

Die offizielle **Einweihung** des Opernhauses nahm Queen Elizabeth II. am 20. Oktober 1973 vor. Auch hier war Utzon nicht anwesend und sein Name stand nicht einmal auf dem Schild am Eingang.

In den **1990er-Jahren** gab es viele **bauliche Ergänzungen**, um den Anforderungen eines modernen Opernhauses weiterhin gerecht zu werden. 1999 bat das Sydney Opera House Utzon, einen Katalog von Designrichtlinien zu formulieren, um zukünftige Änderungen am Gebäudekomplex in Übereinstimmung mit seinen Ursprungsideen durchführen zu können. Utzon nahm den Auftrag an und so schloss Sydney endlich Frieden mit dem Architekten, dessen Vision der Stadt zu ihrem weltberühmten Wahrzeichen verholfen hat.

Man kann das Opernhaus durch die Teilnahme an einer **Führung** kennenlernen, aber wenn es die Zeit erlaubt, ist es natürlich die beste Variante, ein **Konzert**, ein **Theaterstück** oder eine **Oper** zu besuchen. Das Programm ist so vielseitig, dass für jeden etwas dabei ist.

Die **Concert Hall** ist mit 2679 Sitzplätzen der größte Saal im Opernhaus. Mit seinen hohen Decken und der Holzvertäfelung ist er vor allem für höchste Akustik-Qualität konzipiert. Das **Opera Theatre** ist eine Theaterbühne mit 1507 Sitzplätzen und einem Orchestergraben für bis zu 70 Musiker.

Darüber hinaus gibt es das **Drama Theatre, The Playhouse** und **The Studio.** Der **Utzon Room** ist der einzige Saal, in dem das Interieur von Jørn Utzon stammt, darunter ein 14 Meter langer Wandteppich aus Wolle.

› Bennelong Point, Sydney Trains: Circular Quay, Alfred St, und alle Fähren zum Circular Quay, www.sydneyoperahouse.com. Einstündige englischsprachige Führung alle 30 Min. 9–17 Uhr, 37 $ (bei Onlinebuchung 33,30 $) Mo.–Fr. um 11 Uhr in deutscher Sprache). WLAN.

Die Architektur des Sydney Opera House ist wirklich beeindruckend

106sy Abb.: dt©Reisim

⑫ Royal Botanic Gardens ★★ [F2]

Im Botanischen Garten können Besucher und Bewohner der Stadt verweilen und durchatmen. Besonders beliebt ist der Park zur Mittagszeit bei den Angestellten der City.

Spaziert man im Schatten der riesigen Feigenbäume ins Herz des Parks zum Palm Grove Centre (ausgeschildert) hört man immer wieder ein schrilles Kreischen. In den Baumwipfeln hängen hier zahllose **Flughunde** *(flying fox)*, eingehüllt in ihre Flügel und mit dem Kopf nach unten. **Ibisse** landen elegant auf den Baumwipfeln, **Gelbhaubenkakadus** *(sulphur-crested cockatoo)* kreischen um die Wette und man kann noch viele andere Vogelarten beobachten. Das **Palm Grove Centre** beherbergt ein Informationszentrum und außerdem ein Restaurant, ein Café sowie einen hervorragenden Shop, in dem man Samen von australischen Pflanzenarten zum Anpflanzen zu Hause und gute Bücher mit dem Schwerpunkt Flora und Fauna kaufen kann. Am Infostand bekommt man Informationen über den Botanischen Garten, Faltblätter für Rundgänge auf eigene Faust und man kann sich für eine Führung anmelden.

Verlässt man den Botanischen Garten über das **Yurong Gate** oder das **Victoria Lodge Gate** und folgt den Pfaden weiter zur Spitze der Landzunge **Mrs Macquaries Point**, kommt man an den **Fleet Steps** vorbei, wo während des Sydney Festivals (s. S. 88) auf einer Open-Air-Kinoleinwand tolle Filme gezeigt werden. Gebaut wurde die Treppe, um 1908 die Great White American Fleet willkommen zu heißen. 1954 setzte Königin Elizabeth II. an diesem Treppenaufgang erstmals einen Fuß auf australischen Boden.

Im Botanischen Garten befindet sich eine **Wollemi-Pinie aus der Kreidezeit.** Es ist ein lebendes Fossil, das die Nadelbaumfamilie Araucariaceae repräsentiert, die 1994 in einer tiefen, sehr feuchten und geschützten Schlucht im Wollemi National Park, ca. 200 km nordwestlich von Sydney, entdeckt wurde.

Das **The Calyx wurde 2016** anlässlich des 200. Geburtstags des Botanischen Gartens an der Stelle des früheren Tropical Centre eröffnet. Es beherbergt u. a. die größte vertikale

EXTRATIPP

Ein Besuch im Taronga Zoo

Koalas, Kängurus, Wallabies, Wombats, Tasmanische Beutelteufel, Zwergpinguine, Pagageien, Schnabeltiere, Schlangen, Krokodile – diese und viele andere einheimische Tierarten kann man im Taronga Zoo aus nächster Nähe betrachten. Ab Circular Quay erreicht man die Taronga Zoo Wharf per Fähre in 12 Minuten. Von dort fährt man mit der Seilbahn „Sky Safari" zum Haupteingang des Zoos hinauf, wo man im Informationszentrum einen Plan bekommt (Rundgänge von 10 bis 60 Minuten sind beschrieben). Es gibt diverse Führungen und z. B. öffentliche Fütterungen, die auf dem Plan angegeben werden. Wer Höhenangst hat, kann vom Fährenanleger per Bus oder zu Fuß zum Haupteingang gelangen. Achtung: Beim Fotografieren den Blitz abstellen, damit die Tiere nicht unnötig geblendet werden!

★7 [I] **Taronga Zoo,** Bradleys Head Rd, Fähre ab Circular Quay und private Fährdienste (s. S. 120), www.taronga.org.au, geöffnet: tägl. 9.30–16.30/17 Uhr, Eintritt: 46 $

Indoor-Grünfläche der südlichen Hemisphäre mit über 18.000 Pflanzen, die als lebende Kunstwerke arrangiert wurden. In dem architektonisch ansprechenden Komplex finden immer wieder botanische Ausstellungen, aber auch private Veranstaltungen statt.

Im nicht öffentlich zugänglichen **National Herbarium of NSW** gibt es eine Sammlung von über 1,2 Millionen getrockneten Pflanzen, darunter auch solche, die von dem Botaniker Sir Joseph Banks 1770 in Botany Bay zusammengetragen wurden, als James Cook die Ostküste Australiens entdeckte (nach Banks ist auch die Banksia-Blume benannt). Im Gartenabschnitt **Rare and Threatened Plants** findet man seltene und bedrohte Pflanzenarten.

› **Royal Botanic Gardens,** Mrs Macquaries Rd, Sydney Trains: Circular Quay, Alfred St, und alle Fähren zum Circular Quay, geöffnet: tägl. 7 Uhr bis Sonnenuntergang (17 Uhr, Mai/Aug. 17.30 Uhr, Apr./Sep. 18 Uhr, März 18.30 Uhr, Okt. 19.30 Uhr oder Nov. bis Feb. 20 Uhr). Beim Palm Grove Centre startet die kostenlose 1½-stündige Führung: tägl. 10.30 Uhr (bei weniger als 35°C), März–Nov. Mo.–Fr. auch einstündige Führung um 13 Uhr. Hier startet auch jeden Mi., Fr. und Sa. um 10 Uhr die 1½-stündige Aboriginal Heritage Tour (39 $, reservierungspflichtig, www.aboriginalheritage.eventbrite.com). Shop: 9.30–17 Uhr (Juni/Juli nur bis 16.30 Uhr). The Calyx tgl. 10–16 Uhr, Eintritt frei. Fernery und Succulent Garden: 9–16.30 Uhr, Eintritt: frei. Wenn das Wetter es zulässt, fährt zwischen dem Eingang beim Opernhaus und dem Botanic Gardens Cafe der Choo Choo Express, ein Minizug auf Rädern, hin und her (10 $, Okt.–Apr. tägl. 10–16.30 Uhr, Mai–Sep. 11–16 Uhr, Abfahrt alle 30 Min.).

13 Government House und Conservatorium of Music ★ [F2]

Das **neogotisch angehauchte Government House** entstand in den Jahren 1837 bis 1845 als Residenz und Regierungssitz des Gouverneurs von New South Wales. Der bereits 1816 durch Gouveneur Macquarie bei Kolonialarchitekt **Francis Greenaway** in Auftrag gegebene Plan zum Bau eines Gebäudes mit Burgzinnen war von der britischen Regierung als zu hochtrabend und kostspielig abgelehnt worden. Lediglich das in dem Plan enthaltene, stilistisch an Inveraray Castle in Schottland angelehnte Kutscherhaus und die Pferdeställe wurden gebaut und 1821 fertiggestellt. Sie inspirierten den englischen Architekt **Edward Blore**, der auch am Buckingham Palace in London mitarbeitete, aber bei der späteren Gestaltung des heutigen Government House.

Das Government House dient seit 2013 wieder als offizielle Residenz des Gouverneurs von NSW und wird von diesem für offizielle Anlässe genutzt. Im Erdgeschoss gibt es aber eine außergewöhnliche **Sammlung von Möbeln und Dekorationsgegenständen**, die die Geschmäcker der Gouverneursfamilien widerspiegeln. Seit 1916 ist im ehemaligen Kutscherhaus das **Sydney Conservatorium of Music** untergebracht, das allerdings nicht für die Öffentlichkeit zugänglich ist.

› **Government House,** Royal Botanic Gardens, Mrs Macquaries Rd, Sydney Trains: Circular Quay, Alfred St, und alle Fähren zum Circular Quay, geöffnet: Fr.–So. 10.30–15 Uhr, im Rahmen einer kostenlosen 45 Min. langen Führung zu besichtigen (Start alle halbe Stunde). Das Ticket für einen Besuch bekommt man am Gatehouse neben dem Haupteingang, dort muss man sich mit seinem

KLEINE PAUSE

Kaffeepause im Treasury Building

Im **ehemaligen Schatzgebäude** von 1851 sollte man sich auf eine Tasse Kaffee oder eine Mahlzeit niederlassen. Gold und andere Wertsachen findet man hier nur noch im Hotelsafe, denn das wunderschön restaurierte Gebäude beherbergt heute das **Hotel InterContinental.** Der ehemalige Innenhof wurde mit einer Glaskuppel überdacht und in den anmutigen, roten Sandsteinarkaden, die nunmehr Teil der Lobby sind, ist das **Cortile** untergebracht, wo man auf einen Kaffee, ein Frühstück, einen Drink oder einen Snack einkehren kann. Im Juli 2015 öffnete im obersten Stockwerk **The Supper Club,** eine edle Lounge mit Blick auf den Hafen (Do.–Sa. 20–2 Uhr, Reservierung empfohlen, restaurant.reservations@interconsydney.com oder Tel. 92401396).

8 [F2] **Cortile,** Hotel InterContinental, 117 Macquarie St, Sydney Trains: Circular Quay (Alfred St) und Martin Place, Tel. 92401396, geöffnet: 8–23 Uhr

Reisepass ausweisen und registrieren! Bei offiziellen Anlässen bleibt das Haus geschlossen (Tel. 92284111 oder www.governor.nsw.gov.au).

14 Mitchell Library und State Library ★★ [F3]

Die 1910 von **Walter Liberty Vernon** gebaute Mitchell Library betritt man durch große **bronzene Tore,** auf denen verschiedene Motive zu sehen sind: das Segelschiff „Endeavour" des britischen Kapitäns James Cook, der die Ostküste Australiens entdeckte, die Schiffe des Holländers Abel Tasman, der Tasmanien entdeckte, des berühmten Entdeckers Charles Sturt, der die Läufe der großen Flüsse erkundete, und des deutschen Auswanderers Ludwig Leichhardt sowie Szenen aus dem Alltagsleben der Aborigines. Ein wunderbares **Marmormosaik** der Brüder Melocco, das die Reise Abel Tasmans 1642 bis 1643 illustriert, schmückt den Fußboden im Foyer. Aber auch ein Blick in die Halle lohnt sich, denn sie hat eine wunderbare **Glasdachkonstruktion,** die die Verwendung von Kunstlicht bei Tage unnötig macht. Der **Portikus**

031sy Abb.: eg

mit seinen riesigen ionischen Säulen wurde im Übrigen erst 1942 von dem Architekten Cobden Parks angebaut.

Im Hauptgebäude der **State Library** nebenan werden die Dokumente und Karten der First Fleet aufbewahrt. Hier gibt es einen sehr guten Buchshop, in dem man viele Bücher über die australische Geschichte, Flora und Fauna etc. findet.

- **Mitchell Library,** Macquarie St, geöffnet: Mo.-Do. 9-20, Fr. 9-17, Sa./So. 10-17 Uhr
- **State Library,** Macquarie St, geöffnet: Mo.-Do. 9-20, Fr. 9-17, Sa./So. 10-17 Uhr, Shop: Mo.-Fr. 9-17, Sa./So. 11-17 Uhr. WLAN.
- Sydney Trains: Martin Place

15 Parliament House ★ [F3]

In der **früheren Chirurgenunterkunft** des heutigen **Sydney Hospital** 16 tagte ab 1829 der **Legislative Council** von New South Wales, weshalb nach und nach immer mehr Anbauten entstanden. Die Räumlichkeiten der Chirurgenunterkunft, die sich Chirurgen und Politiker jahrelang teilen mussten, wurden ab 1852 dann ausschließlich vom **Legislative Assembly** genutzt.

Passend zur Gründung des Zweikammerparlaments im Jahr 1856 wurde die interessante **Bear Pit** (Bärengrube) angebaut, wie die Zweite Kammer des Staatsparlaments genannt wird. Sie besteht aus vorgefertigten, gusseisernen Elementen, die extra aus Glasgow hergebracht worden waren. Wenn die **Zweite Kammer** tagt, wird der 7 kg schwere **Amtsstab** *(mace)* aus Gold und Silber im Wert von 700.000 $ auf den Tisch gelegt. Sonst wird er im Nebenzimmer aufbewahrt, wo man ihn während der Führung zu sehen bekommt.

- 6 Macquarie St, Sydney Trains: Martin Place. Einstündige Führungen Mo. und Fr. um 13.30 Uhr, u. a. am Australia Day (26. Januar, 10-17 Uhr) sowie am Family Fun Day im Okt. und Sydney Open im Nov. für die Öffentlichkeit zugänglich, www.parliament.nsw.gov.au/visit.

16 Sydney Hospital und The Mint ★ [F3]

Die Gebäude zwischen der Mitchell Library 14 und den Hyde Park Barracks 26 gehörten einst alle zum **Sydney Hospital.** Früher wurde es „**Rum Hospital**" genannt, weil Gouverneur Macquarie für den Bau keine Mittel aus London akzeptieren wollte, sondern stattdessen drei Geschäftsleuten im Gegenzug für den Bau das Exklusivrecht für den Import von 60.000 Litern Rum zusicherte.

Im 1816 errichteten Südflügel des alten Sydney Hospital wurde nach Beginn des Goldrausches im Jahr 1852 **The Mint,** die erste britische **Münzanstalt** außerhalb Großbritanniens, eingerichtet. Bis zur Gründung der neuen Münzanstalt des Commonwealth of Australia 1926 in Canberra wurden hier alle Münzen geprägt. Heute ist in dem Gebäude der Historic Houses Trust untergebracht. Viel zu sehen gibt es hier nicht, aber im Shop kann man altes Spielzeug, interessante Bücher und andere Nettigkeiten kaufen.

Das **Hauptgebäude** des Sydney Hospital von 1894 ist auch heute noch unverändert als Krankenhaus der City in Betrieb. Davor steht ein großes **Wildschwein aus Bronze.** Es ist eine Nachbildung von „Il Porcellino" in Florenz und soll wie dieses Glück bringen, wenn man ihm über

Die lichtdurchflutete Mitchell Library: So macht das Lesen in alten Büchern Spaß.

die Nase reibt. Auf Höhe des Wildschweins kann man in den Innenhof des Krankenhauses gelangen, wo sich der neogotische **Florence Nightingale Wing** und ein kleines Café befinden. Der Gebäudeflügel wurde gemäß den Plänen von Florence Nightingale erbaut, die hier 1868 nach Australien geschickte Krankenschwestern unterbrachte. Davor steht der gusseiserne, gelbgrün lackierte Robert-Brough-Brunnen von 1907, der eine Gruppe typisch australischer Wasservögel zeigt: Brolgas und schwarze Schwäne.

› **The Mint**, 10 Macquarie St, Sydney Trains: Martin Place, geöffnet: Mo.–Fr. 9.30–17 Uhr, Eintritt: frei

17 Martin Place ★★★ [F3]

Die Fußgängerzone Martin Place bietet opulente Architektur in historischen Bankgebäuden, ein Banknotenmuseum, den Glockenschlag vom Uhrenturm der historischen Hauptpost und zeremonielles Flaggenhissen am Kenotaph.

Der Martin Pl ist *der* Platz für Banker: Hier hat die 1928 eröffnete **Commonwealth Bank of Australia** in zwei opulenten historischen Gebäuden ihren Stammsitz. Bei dem Beaux-Arts-Gebäude 48 Martin Pl geleiten schwere, ornamentale Bronzetüren ins Innere, das mit einem Wald von neoklassizistischen Säulen aus grünem Scagliola (Stuckmarmor) und hohen Decken mit ornamentalem Stuck überrascht. Fotografieren ist in der Bank jedoch verboten!

Bunt gestaltete Banknoten mit historischen Darstellungen und Porträts führen den Besucher des relativ jungen **Museum of Australian Currency Notes** (s. S. 66) in der Reserve Bank of Australia durch die Geschichte des Landes. Dieses Schmuckstück unter den Museen in Sydney sollte man sich nicht entgehen lassen.

Der Martin Pl hat aber noch mehr interessante Gebäude zu bieten, für die man allerdings seinen Blick gen Himmel richten sollte. An der nördlichen Ecke zur Castlereagh St steht das **alte MLC-Gebäude** mit seinem kleinen Eckturm mit Art-nouveau-Verzierungen. Über dem Eingangsturm ist eine typische Arbeiterdarstellung zu sehen, darunter das Motto „Union is strength" („Gewerkschaft ist Stärke"). Blickt man zur York St hinunter, sieht man das bis in die 1960er-Jahre höchste Gebäude Sydneys, das **AWA Building** von 1939 mit seiner an das Design des Eiffelturms angelehnten, weißen Stahlantenne. Unübersehbar ist wohl auch das neuere 67-stöckige **MLC Centre** mit seinem futuristischen „Pilz"-Gebäude (direkt gegenüber dem alten MLC-Gebäude), das vom australisch-österreichischen Architekten Harry Seidler entworfen wurde, der als bedeutendster moderner Architekt Australiens gilt.

Das imposanteste Gebäude am Platz ist jedoch das **General Post Office (GPO)**, das von James Barnet entworfen und von 1866 bis 1891 gebaut wurde. Die Hauptglocke im Uhrenturm des ehemaligen Hauptpostamts wiegt mehr als 5 Tonnen und läutet zusammen mit den anderen vier Glocken den Westminsterschlag (bis 21 Uhr, danach ist Ruhe, damit die Hotelgäste im Westin schlafen können). Der Gebäudekomplex wurde 1996 verkauft und aufwendig restauriert. Im ehemaligen Innenhof, der nun von einem Glasdach abgedeckt ist, findet man unter reich verzierten und teils vergoldeten hohen Decken Cafés, Restaurants, Bars, exklusive Geschäfte und das **Westin**. In der Lobby dieses edlen Hotels kann

EXTRATIPP

Pinctada Maxima

Vor der Küste von Broome in Western Australia kultiviert man in der seltenen Auster Pinctada Maxima **exquisite Südseeperlen.** Am Martin Pl kann man prachtvolle Exemplare im **Juweliergeschäft Paspaley** bewundern. Das Geschäft geht auf den Perlentaucher Nicholas Paspaley zurück, der 1932 im Alter von nur 18 Jahren bereits sein eigenes Schiff unterhielt, um nach Muscheln für die Perlmuttknopfherstellung zu tauchen.

9 [E3] **Paspaley,** 2 Martin Pl, Sydney Trains: Martin Place, geöffnet: Mo.–Mi., Fr. 10–18, Do. bis 19.30, Sa. 10–17, So. 11–17 Uhr, www.paspaley.com

man das eindrucksvolle, 4 x 32 m große Ölgemälde „The Spirit of Sydney" und drei „tanzende" Bronzefiguren des 2001 verstorbenen Sydneysider Malers Frank Hodgkinson bewundern.

Am George-St-Ende des Martin Pl fallen die Bronzeskulpturen von australischen Soldaten am **Kenotaph** ins Auge. Hier wird einmal im Jahr am ANZAC Day (s. S. 89) im Morgengrauen ab 4.30 Uhr der traditionelle **Dawn Service** zur Erinnerung an die australischen und neuseeländischen Gefallenen des Ersten Weltkriegs (und anderer Kriege) abgehalten. Im Anschluss an die Kranzniederlegung marschieren die Veteranen durch die Stadt, was jährlich von Zehntausenden Zuschauern entlang der Straßen gewürdigt wird. Im Anschluss spielen die Veteranen in den Cafés und Pubs der Stadt das traditionelle „Two-up", ein Münzwurfglücksspiel, das ansonsten illegal ist.

› Sydney Trains: Martin Place

18 Pitt Street Mall ★★★ [E4]

Das Einkaufszentrum der Innenstadt zieht sich von Chinatown die George St entlang bis The Rocks, aber das Kerngebiet bildet die Fußgängerzone Pitt Street Mall mit ihren Seitenstraßen.

Hier reiht sich ein Shoppingcenter ans nächste, darunter das im Jahr 2010 eröffnete **Westfield Sydney** (s. S. 83).

Als Kontrast zum Mainstream-Schick für alle Preisklassen im Westfield sollte man **The Strand Arcade** (s. S. 83) besuchen, eines der schönsten Überbleibsel des viktorianischen Sydney mit seinen wunderschönen, schmiedeeisernen Balkonen und einer Glaskuppel im neoklassizistischen Stil. Das Einkaufszentrum stammt aus dem Jahr 1891 und wurde in einem Feuer 1976 fast zerstört, dann jedoch von den ansässigen Geschäftsinhabern restauriert. Hier findet man im ersten und zweiten Stock Boutiquen australischer Modedesigner.

Mit Westfield Sydney verbunden sind Häuser der beiden australischen Warenhausketten **Myer** (s. S. 83) und **David Jones** (s. S. 83). Das Kaufhaus Myer wurde durch den russischen Einwanderer Sidney Myer im Jahr 1900 in Melbourne gegründet und das erste David-Jones-Geschäft wurde im Jahr 1838 von dem walisischen Einwanderer David Jones eröffnet.

Als Queen Elizabeth II. im Jahr 1954 als erste britische Monarchin ihren Fuß auf australischen Boden setzte, fand das Staatsbankett zu ihren Ehren im ehemaligen Restaurant im 7. Stock des David-Jones-Gebäudes statt.

› Sydney Trains: Martin Place oder QVB

032sy Abb.: eg

⑲ Sydney Tower Eye ★★ [E4]

Über dem Westfield Sydney (s. S. 83) thront das 309 m hohe Sydney Tower Eye, **das höchste Bauwerk Sydneys.** Der in das Einkaufszentrum integrierte Turm wird von **56 Stahlseilen** stabilisiert, die auf dem Dach verankert sind und jeweils sieben Tonnen wiegen. Im Turm selbst sorgt ein **Tank mit 162.000 Litern Wasser** dafür, dass der 2239-Tonnen-Riese auch jedem Wind standhält.

Wer schwindelfrei ist, kann von der **Aussichtsterrasse** auf 258 Metern Höhe bei gutem Wetter eine fantastische 360-Grad-Aussicht bis zu den Blue Mountains oder zum südlichen Woollongong genießen. Wer mehr Spannung braucht, kann in 268 m Höhe an einem 45-minütigen Spaziergang über eine Glasbodenplattform (**Skywalk**) teilnehmen, bei dem man in Gruppen, mit Spezialkleidung und mit Karabinern gesichert, rund um die Spitze des Turms wandert. Insbesondere bei Sonnenuntergang bietet sich hier ein wahrer Augenschmaus.

Wer auf diesen Nervenkitzel lieber verzichten möchte, kann auch im 360 Bar and Dining oder im Sydney Tower Buffet speisen, den beiden sich um sich selbst drehenden Restaurants oben im Turm.

› **Sydney Tower Eye,** Westfield Sydney, Zugang zum Lift im 5. Stock (Foodcourt), 100 Market St, www.sydneytowereye.com.au, Sydney Trains: Martin Place oder QVB, geöffnet: tägl. 9–21.30 (Apr.–Okt.), 9–22 Uhr (Okt.–Apr.), Zutritt bis eine Stunde vor Schließzeit, Eintritt zum Observation Deck: 26,50 $, zum Skywalk: 50–70 $ (Onlinetickets günstiger), unter 16 Jahren Zutritt nur in Begleitung eines Erwachsenen. 360 Bar and Dining (à la carte ab 38 $ für ein Hauptgericht, www.360dining.com.au) und Sydney Tower Buffet (Buffet, 60–85 $, je nach Tag und Zeit, 1½ Std. Zeit zum Speisen, www.sydneytowerbuffet.com.au), Rezeption im 4. Stock von Westfield Sydney (Lift von dort zum Restaurant), Tel. 82233800.

⑳ Queen Victoria Building (QVB) ★★★ [E4]

Das Queen Victoria Building ist eine wahre Königin unter den Einkaufszentren: Es bietet vier Stockwerke mit alten Buntglasfenstern, für den Art déco typischen, halbrunden Fenstern und gusseisernen Balustraden. Fertiggestellt wurde das Gebäude zu Ehren von Queen Victoria im Jahr 1898. Die Statue vor dem Gebäude am Park-St-Ende stellt denn auch die Königin dar.

1959 sollte das Gebäude abgerissen werden, doch zum Glück wurde das verhindert und das Haus stattdessen **restauriert.** Heute präsentiert

Das Einkaufszentrum Westfield Sydney (s. S. 83) wird vom Sydney Tower Eye überragt

EXTRATIPP

Rosa Diamanten

In den **Kimberley Ranges** im Norden Western Australias gibt es die **größte offene Diamantmine der Welt,** in der man die extrem seltenen **rosa Diamanten** findet! Nur 80 von einer Million Diamanten haben diese Farbgebung. Am Martin Place (17) kann man bei der australischen Schmuckdesignerin **Nicola Cerrone** eine Kollektion mit rosafarbenen Diamanten bewundern. Fündig wird man auch bei **Linneys** (3. Stock, Westfield Sydney) und bei Schmuckgeschäften im **QVB** (20) (1. Stock: Vollé, 2. Stock: Lovélle Jewellery und Opal Fields).

054sy Abb.: sb

Das Queen Victoria Building mit seinen Art-déco-Elementen ist nicht nur für Shoppingfans ein Erlebnis

sich das „königliche" Einkaufszentrum mit zahllosen **Geschäften** und **Cafés,** die sich auch unterirdisch bis zum Warenhaus Myer (s. S. 83), zur Pitt Street Mall (18) sowie zu den Sydney-Trains-Bahnhöfen „Town Hall" und „Galeries Victoria" ausdehnen.

Im obersten Geschoss des QVB sollte man **zwei kitschige Uhrwerke** betrachten: zum einen die Royal Clock, die von 9 bis 21 Uhr stündlich läutet wie die Glocken der Londoner Westminster Cathedral und dazu mit einer Art Puppenspiel Ereignisse der britischen Geschichte vorführt, und zum anderen die zehn Meter hohe und vier Tonnen schwere Great Australian Clock, die in 33 Szenen einen Teil der Geschichte Australiens darstellt.

› 455 George St, Sydney Trains: QVB, www.qvb.com.au, geöffnet: Mo.–Mi., Fr./Sa. 9/10–18, Do. bis 21, So. 11–17 Uhr (spätere Öffnungszeit gilt für 1./2. Stock). WLAN. Am Infostand im Erdgeschoss unter der Hauptkuppel kann man eine 45-minütige Führung durch das Gebäude buchen (Tel. 92649209): Di., Do. und Sa. um 11.30 Uhr, Kosten: 15 $.

(21) Town Hall ★ [E4]

Die Town Hall im französischen Neorenaissance-Stil von 1881 wurde zum hundertjährigen Jubiläum Australiens fertiggestellt. Das Foyer gilt als eines der besten Beispiele für viktorianische Stuckarbeit in Australien. In seiner Mitte prunkt ein ca. 380 kg schwerer Kronleuchter.

In der Town Hall befindet sich eine neoklassizistische Konzerthalle von 1889 mit einer Decke aus gepressten Metallelementen, die dem Spiel einer der größten Orgeln der Welt (25 m breit, 8000 Pfeifen) standhalten sollte. Hier werden noch immer Konzerte aufgeführt und im Anschluss an ein Konzert kann man an einer Führung durch das Gebäude teilnehmen (5 $).

› 483 George St, Sydney Trains: Town Hall, www.sydneytownhall.com.au (siehe „What's On" für Konzerttermine). WLAN in der Bibliothek.

22 Hyde Park und ANZAC Memorial ★★ [F5]

Der Hyde Park ist ein beliebter Ort für die Mittagspause. Man setzt sich einfach ins Gras, genießt die frische Luft, die Sonne oder den Schatten der Bäume und schaut den weißen Ibissen mit ihren langen, schwarzen Schnäbeln zu, die überall im Park nach Essensresten Ausschau halten.

Im Nordteil des Hyde Park sprudelt der **Archibald-Brunnen**, der 1932 im Andenken an den Ersten Weltkrieg vom französischen Bildhauer François Sicard gebaut wurde und ein beliebtes Fotomotiv darstellt. Hier befindet sich auch der Eingang zum **Sydney-Trains-Bahnhof „St James"**. Innen glaubt man sich bei Betrachtung der originalen, grünen Keramikfliesen an den Wänden, der gusseisernen Ornamente und alten Uhren in die Art-déco-Ära zurückversetzt. Charmant ist auch die alte Leuchtreklame aus den 1930er-Jahren für Chateau Tanunda Brandy (ein Weingut in South Australia). Unterhalb des Hyde Park befinden sich übrigens auch mehrere nicht fertiggestellte U-Bahn-Schächte, die u.a. während des Zweiten Weltkriegs als Bunker genutzt wurden.

Im Südteil des Parks liegt das **ANZAC Memorial**. Die Gedenkstätte von 1934 im Art-déco-Stil thematisiert in einer kleinen kostenlosen Ausstellung alle neun kriegerischen Konflikte mit australischer Beteiligung zwischen 1885 und 1972. **Die Stätte ist bis Ende 2018 wegen Rekonstruktionsarbeiten geschlossen.** Die ursprünglichen Baupläne des Architekten Bruce Dellit aus den 1930er-Jahren sollen nunmehr ausgeführt werden – ein 40 Millionen $ Projekt. Hier endet alljährlich am 25. April die ANZAC-Day-Parade, die im Morgengrauen um 4.30 Uhr mit einer Zeremonie am Kenotaph am Martin Place 17 beginnt.

Auffallend sind die überdimensionierten **Patronenhülsen**, vier stehend und eine liegend, die stellvertretend für die überlebenden und die gefallenen Aboriginals und Torres Strait Islander stehen, die für Australien im Krieg waren. Die „Yininmadyemi – Thou didst let fall" genannte Installation des Aboriginal-Künstlers Tony Albert wurde 2014 enthüllt.

An der Kreuzung von Bathurst St und Elizabeth St trifft man im Hyde Park auf einen ägyptisch anmutenden **Obelisken**. Er markiert die höchste Stelle des Abwassersystems der Stadt. Ende 2014 wurde er von ACON, einer örtlichen AIDS-Hilfe-Organisation, als Teil einer HIV-Aufklärungskampagne mit einem riesigen pinken Kondom überzogen.

› **ANZAC Memorial**, Hyde Park, Sydney Trains: Railway Station, www.anzacmemorial.nsw.gov.au, geöffnet: tägl. 9–17 Uhr, Eintritt: frei

23 Australian Museum ★★★ [F5]

Das älteste Museum Australiens beherbergt eine interessante Sammlung zur Natur- und Kulturgeschichte des Landes mit Schwerpunkt auf der australischen Fauna und der Geschichte der Aborigines.

Im Erdgeschoss des im georgianischen Stil entworfenen Sandsteingebäudes findet man die sehenswerten **Aboriginal and Torres Strait Collections**, in denen ein Teil der Sammlung von rund 40.000 ethnografischen Objekten und einer Million archäolo-

Der Hyde Park mit Blick auf die St Mary's Cathedral und den Archibald Fountain ist ein beliebter Ort zum Ausspannen

KLEINE PAUSE

Hunger? Auf nach Little Italy!
Hinter dem Australian Museum erstreckte sich auf der Stanley St [F/G5] einst Sydneys erstes „Little Italy“. Heute sind hier noch immer **italienische Restaurants** angesiedelt, aber es gibt auch kleine **japanische Nudelbars.** Hier kann man gut und preiswert zu Mittag essen.

gischen Artefakten aus den Kulturen der Aborigines und Torres Strait Islanders ausgestellt wird. Hervorragend ist auch die naturgeschichtliche Sammlung mit **ausgestopften australischen Wirbeltieren.** Wer keine ausgesprochene Spinnenphobie hat, sollte sich von der Sammlung mit präparierten australischen Spinnen und anderen wirbellosen Tieren faszinieren lassen. Ein weiterer Hingucker ist die **Sammlung von Mineralien und Kristallen,** insbesondere die Albert Chapman Mineral Collection im 1. Stock.

› 6 College St, Sydney Trains: Museum, www.australianmuseum.net.au, geöffnet: tägl. 9.30–17 Uhr, Eintritt: 15 $. WLAN.

24 St Mary's Cathedral ★★★ [F4]

Die katholische St Mary's Cathedral von 1868 ist das größte Sandsteingebäude Australiens. In der Krypta gibt es ein aus Marmor und Terrazzo kreiertes Mosaik der Brüder Melocco in der Form eines keltischen Kreuzes, das die Schöpfungsgeschichte darstellt.

Die Fertigstellung des Mosaiks dauerte 16 Jahre – von 1930 bis 1946 – und es ist teilweise inspiriert vom **Stil des Book of Kells,** einem überragenden Beispiel der Buchmalerei, das heute in Dublins Trinity College zu sehen ist. Der **Turm der Kathedrale** aus dem Originalentwurf des Architekten William Wilkinson Wardell wurde erst im Jahre 2000 anlässlich der Olympischen Spiele fertiggestellt. Am Nordende der Kathedrale befindet sich im Gebäude mit der Adresse 1 Prince Albert St das Department of Lands. Die schöne Sandsteinfassade des Hauses ist einen Blick wert.

› St Mary's Rd, Sydney Trains: St James, geöffnet: tägl. von ca. 7 bis ca. 19 Uhr (vor und nach Messezeiten)

25 St James' Church und Supreme Court ★★ [F4]

Der Architekt Francis Greenway entwarf die heutige anglikanische St James' Church **ursprünglich als Gerichtsgebäude,** aber in England fand man die Pläne des Architekten und des Gouverneurs Macquarie zu hochtrabend für eine Strafgefangenenkolonie. So mussten Strafgefangene 1819 bis 1824 stattdessen eine Kirche bauen und ein geplantes Schulgebäude wurde 1824 zum NSW Supreme Court, beide im **kolonialen georgianischen** Stil. Die **Portale** der St James' Church wurden später vom Architekten John Verge angebaut. Die Kirche ist heute das älteste, noch als

034sy Abb.: eg

Kirche genutzte Gotteshaus in Sydney. In der Krypta sollte man in der sogenannten **Children's Chapel** einen Blick auf die ornamentalen **Wandmalereien** werfen, die 1929 von der Turramurra Wall Painters Union erstellt wurden, einer von Ethel Anderson gegründeten Gruppe von modernen Wandmalerei-Künstlern aus dem Ort Turramurra in New South Wales.

Das **Gerichtsgebäude** ist noch immer Bestandteil des Gerichtshofs von NSW und daher nicht von innen zu besichtigen.

› **St James' Church,** 173 King St, Sydney Trains: St James, www.sjks.org.au, geöffnet: Mo.–Fr. 10–16, Sa. 9–13, So. 7–16 Uhr, Konzerte (Orgel, Kammermusik, Chor etc.): Mi. 13.15–13.45 Uhr

26 Hyde Park Barracks ★★★ [F4]

Die Barracks sind ein bedeutendes Beispiel für georgianische Architektur und wurde unter der Leitung von Francis Greenway 1819 als Unterkunft für die Strafgefangenen gebaut.

Bis zur Fertigstellung der Hyde Park Barracks wurden die Strafgefangenen nicht eingesperrt, weil **der Busch als natürliche Begrenzung** im Prinzip genügend Abschreckung gegen das Weglaufen bot. Jedoch war es auf den Straßen Sydneys dadurch nachts nicht sonderlich sicher.

Einmal fertiggestellt übernachteten im Hauptgebäude der Hyde Park Barracks in zwölf Räumen **600 Männer** in Hängematten. Tagsüber arbeiteten sie auf diversen Baustellen in Sydney und abends kehrten sie für eine Mahlzeit und die Nachtruhe in die Baracken zurück. 1848 stellte man den Transport von Strafgefangenen aus England ein.

Die ehemaligen Baracken beherbergen nun ein ausgezeichnetes **Museum,** das u.a. die **Geschichte der Strafgefangenen,** die Rolle der Aborigine-Polizisten, Schicksale weiblicher Strafgefangener und die Leistung des Kolonialarchitekten Francis Greenway thematisiert.

› Queens Sq, Sydney Trains: St James, http://sydneylivingmuseums.com.au/hyde-park-barracks-museum, geöffnet: tägl. 10–17 Uhr, Eintritt: 12 $. Es ist eine deutschsprachige Audio-Tour erhältlich und es gibt kostenlose 45-minütige Führungen. WLAN.

27 Art Gallery of NSW und Yiribana Gallery ★★★ [G3]

Die Art Gallery of NSW ist ein Muss für alle Kunstinteressierten und bietet Einblick in die künstlerischen Werke Australiens.

Die sehenswerte Sammlung umfasst **moderne australische Kunst,** aber auch Landeskunst aus dem **19. und 20. Jh.** Die Yiribana Gallery ist speziell der **Kunst und Kultur der Aborigines** und **Torres Strait Islanders** gewidmet. Zum Verständnis der Aboriginal-Kunst lohnt sich die Teilnahme an der kostenlosen, einstündigen „Aboriginal art guided tour" (tgl. 10.30 Uhr).

Darüber hinaus gibt es aber auch noch eine Sammlung **europäischer und asiatischer Kunst.** Das alles verbirgt sich hinter einer **klassisch-eleganten Fassade** am Rand der Parkanlage The Domain. Einige Gebäudeteile wurden nach Entwürfen von Walter Liberty Vernon zwischen 1896 und 1909 gebaut. Der Bau blieb aber lange Zeit unvollendet, erst 1968 und 1988 wurden die fehlenden Elemente unter der Leitung des Architekten Andrew Anderson hinzugefügt.

› **Art Gallery of NSW,** Art Gallery Rd, The Domain, Sydney Trains: St James, www.artgallery.nsw.gov.au, geöffnet: tägl. 10–17, Mi. bis 22 Uhr, Eintritt: frei (ausgenommen Sonderausstellungen), diverse kostenlose Führungen, unter anderem zu den Highlights der australischen Sammlung: „Australian collection guided tour", tgl. 14 Uhr. WLAN. Das Fotografieren der Exponate von Aborigines ist übrigens strengstens verboten!

› Die App **Art Gallery NSW** hält aufschlussreiche Kommentare des Kurators zu einzelnen Kunstwerken bereit, die das Verständnis für australische Kunst fördern (kostenlos für iOS und Android).

Chinatown und Darling Harbour

Darling Harbour mit Sea Life Aquarium 35, Wild Life Zoo 36, Maritime Museum 37, Hafenrundfahrten, Powerhouse Museum 32, Madame Tussauds, Imax-Kino und familienfreundlichem Spielplatz ist ein modernes Freizeitareal. Am Abend wird auf den Terrassen der Restaurants mit Blick auf Darling Harbour gespeist und in den vielen Nachtklubs Musik und Tanz zur Unterhaltung geboten.

28 Central Railway Station ★★ [E6]

Am Hauptbahnhof kommen täglich Tausende Sydneysider an, die zum Arbeiten in die City fahren. Das Schönste am Bahnhof ist der fast 86 m hohe **Uhrenturm** aus dem Jahr 1921, aber auch die **Ankunftshalle** in dem **Neorenaissancegebäude** von 1906 ist einen Blick wert. Es gibt darin ein kleines **Museum zur Geschichte der Zugfahrt in Australien.** Das **Terrazzo-Mosaik** in Form einer Australienkarte von den Gebrüdern Melocco, das sich auf dem Fußboden im Café Bakehouse in der großen Halle für die Country Trains befindet, kann man leider durch die Sitzgelegenheiten des Cafés nicht mehr so leicht bewundern.

Auf dem sogenannten „Gleis Null" gibt es die **Jugendherberge Railway Square YHA** (s. S. 125) mit Zimmern in alten Zugwaggons und in einem historischen Gebäude von 1905.

› Eddy Ave, WLAN, Sydney Trains: Central, Light Rail: Central

29 Central Park ★★ [D7]

Unweit des Hauptbahnhofs liegt der 2013 eröffnete Central Park, eine kleine **Grünanlage** auf dem ehemaligen Gelände der Kent- bzw. Tooth's-Brauerei, wo es regelmäßig den **Brewery Yard Market** gibt, einen netten Kunsthandwerksmarkt mit Livemusik (1. und 3. So. des Monats, 10–16 Uhr).

Das Areal wird von einem ungewöhnlichen, ganz und gar bepflanzten Hochhaus (**One Central Park**) des Stararchitekten Jean Nouvel überragt. Abgesehen von der Bepflanzung der Fassade mit 250 verschiedenen australischen Arten, ist die von Weitem sichtbare **Heliostat** sehenswert. Diese horizontale Auskragung hat vierzig motorbetriebene Spiegelflächen, die je nach Tageszeit die optimale Lichtmenge auf den öffentlichen Raum darunter leiten. Bei Dunkelheit schaltet sich eine **LED-Installation** des Künstlers Yann Kersalé mit 2880 programmierten farbigen LEDs an, wodurch sich der Himmel in eine Art Feuerwerk zu wandeln scheint. Der Heliostat sorgt auch für besonderes Licht in den Geschäften, Restaurants und Cafés in den unteren Etagen des Hochhauses, wo vor allem ausländische Studenten gern gut und bezahlbar essen gehen. Aufgrund der Nähe zu Chinatown findet man hier vor allem asiatische Küche, aber auch typisch lateinamerikanisches *Churrasco* (verschiedene gegrillte Fleischspießchen).

Im Park selbst fällt die riesige kinetische Skulptur „**Halo**" (Heiligen-

EXTRATIPP

Events in Chinatown

10 [E5] **Chinatown Night Market,** Little Hay St, Dixon St Mall und Haymarket, geöffnet: Fr. 16–23 Uhr, www.chinatownmarkets.com.au. Beliebter Nachtmarkt mit über 60 Straßenständen mit Krimskrams und chinesischen Leckereien.

› Jährlich gibt es zum **chinesischen Neujahrsfest** nach dem Mondkalender eine Woche lang Veranstaltungen in Chinatown, Darling Harbour und Pyrmont wie u. a. die Lunar Markets, die **New Year Parade** von Town Hall nach Chinatown und ein **Drachenbootrennen** in Darling Harbour.

schein) ins Auge, die ausschließlich durch Wind in Bewegung gebracht wird. Für die Entwicklung des hochtechnisierten Windspiels, dessen Form und Bewegung an die auf Metallringen rollenden Bierfässer auf dem ehemaligen Brauereigelände erinnern sollen, brauchten die australischen Künstlerinnen Jennifer Turpin und Michaelie Crawford drei Jahre.

Ein Spaziergang durch die **Kensington Street** mit ihren typisch viktorianischen Stadtwohnungen am Rande von Central Park bietet noch mehr Möglichkeiten zum Eintauchen in die lebhafte Café- und Barkultur Sydneys. Besonders auffällig ist das sanierte **Pubhotel The Clare,** in dem früher die Angestellten der Brauerei nach getaner Arbeit ein- und ausgingen und wo es seit 2015 wieder Hotelzimmer und edle Restaurants gibt.

30 Chinatown ★★ [E5]

Vor gut 100 Jahren ließen sich die ersten Chinesen in dem Viertel rund um die Dixon St nieder. Heute sind hier immer noch die meisten chinesischen Restaurants und Geschäfte zu finden und alljährlich wird das chinesische Neujahrsfest mit einer Drachenparade gefeiert.

Rund um die Dixon St kann man hervorragend **chinesisch essen gehen.** In den Parallelstraßen bis zur Castlereagh St findet man vor allem chinesische Imbissstuben und japanische, vietnamesische, koreanische sowie Thai-Lokale. Bei einem Rundgang durch das Viertel erlebt man hautnah, wie **multikulturell** die australischen Großstädte sind.

› Sydney Trains: Central, Light Rail: Capitol Square Market und Paddy's Markets

Oase der Beschaulichkeit: der Chinese Garden of Friendship

107sy Abb.: dt©Sanphotos

KLEINE PAUSE

Snack im Studententreiben

Wo könnte man die Architektur des Frank-Gehry-Gebäudes „Paper Bag“ besser auf sich wirken lassen als bei einem leckeren Happen oder Kaffee im Cafe80 im Erdgeschoss des Dr-Chau-Chak-Wing-Gebäudes (s. unten) oder der dazugehörigen Coffee Bar im dritten Stock auf Höhe der Goods Line (geöffnet: Mo.-Fr. 7-22 Uhr)?

Wer Architektur liebt, sollte sich die „**Paper Bag**“ (Papiertüte) des Stararchitekten **Frank Gehry** am Rande von Chinatown nicht entgegen lassen. Es ist die erste australische Kreation des u.a. für sein Guggenheim Museum in Bilbao berühmten Architekten, der für seine Vorliebe für organische Formen bekannt ist, die zugleich absurd als auch angenehm weich anmuten. Für das Anfang 2015 eröffnete **Dr-Chau-Chak-Wing-Gebäude** der **University of Technology Sydney (UTS)** mussten 320.000 Backsteine sondergefertigt werden, um die runde Form zu erzielen. Die Sandsteinfarbe ist dabei eine Hommage an die Gründungsgeschichte der Stadt und bei der Gestaltung des Innenlebens hat Gehry sich nach eigener Aussage von Baumhäusern inspirieren lassen.

★11 [D6] **Dr Chau Chak Wing Building,** 14-28 Ultimo Road

31 Chinese Garden of Friendship ★★★ [D5]

Sydneys chinesischer Garten ist der größte außerhalb Chinas und wurde 1988 anlässlich der 200-Jahr-feier Australiens von der Stadt Kanton gestiftet.

In dieser **Oase inmitten der Hochhausriesen** kann man beste **chinesische Gartenarchitektur** mit Teichen, Wasserfällen und Gärten genießen. Am Eingang gibt es eine handgeschnitzte **Hochzeitskutsche aus Jade**, die mehr als 2 Tonnen wiegt und vermutlich aus der Provinz Kanton stammt.

Im Garten befindet sich außerdem ein typisches **Teehaus**, in dem man gemütlich eine Tasse Tee, Dim Sum, Gow Gee und gedämpfte Schweinefleischbrötchen, aber auch westliche Snacks genießen kann.

› Darling Harbour, Sydney Trains: Central oder Town Hall, Light Rail: Paddy's Markets, geöffnet: tägl. 9.30-17 Uhr (April-Sept.), 9.30-17.30 Uhr (Okt.-März), Eintritt: 6 $

32 Powerhouse Museum ★ [D5]

Ein Tipp für Eltern mit (Schul-)Kindern: Das **ehemalige Elektrizitätswerk** aus dem Jahr 1899, das die Lagerhäuser und Fabriken in Darling Harbour sowie die Pyrmont-Brücke und alle Straßenbahnen mit Elektrizität versorgte, ist das **größte Museum der Stadt.** Es ist das Haupthaus des Museum of Applied Arts and Sciences (MAAS), wozu auch das Sydney Observatory 3 gehört.

Hier bekommt man die älteste Dampflokomotive der Welt zu sehen, lernt mehr über **technische Errungenschaften** der Neuzeit und modernes Produktdesign, über Licht, Elektrizität und Magnetismus, aber auch über die **Aborigines.** Außerdem gibt es regelmäßig Sonderausstellungen und für Kinder auch Theatervorführungen. Man sollte sich zwei bis drei Themengebiete aussuchen und diese Abteilungen gezielt besuchen, sonst wird es schnell zu viel.

› 500 Harris St, Light Rail: Exhibition Centre, geöffnet: tägl. 10-17 Uhr, Eintritt: 15 $. WLAN.

33 Cockle Bay ★★ [D4]

Ein Spaziergang entlang der ehemaligen Werften **Cockle Bay Wharf** und **King Street Wharf** (auf der Ostseite der Cockle Bay) mit ihren Restaurants und Bars empfiehlt sich, auch wenn man vielleicht nicht das Geld für eine „gehobene Mahlzeit" mit Hafenblick ausgeben oder in den Bars die Nacht durchmachen will.

Die Bucht ist einfach ein wundervolles Fotomotiv und lädt bei Tag und bei Nacht zum Schlendern ein (auch wenn in den kommenden Jahren im Hintergrund weiter an den neuen Gebäuden von Barangaroo South und an der neuen Fähranlegestelle Barangaroo gearbeitet wird – auch miterlebenswert).

Der **Darling Harbour**, der die Cockle Bay und weitere Hafenbuchten zwischen Chinatown und Pyrmont umfasst, war einst einer der geschäftigsten Häfen Australiens, in dem die Industrie florierte und immer weitere Hafen- und Industrieanlagen gebaut wurden. Heute ist hier ein **modernes Freizeitareal** für Touristen und Einheimische gleichermaßen mit einem großen Angebot an Möglichkeiten zur Hafenrundfahrt, vielen Bars und Restaurants, dem Wild Life Zoo 36, dem Sea Life Aquarium Sydney 35, Madame Tussauds 34, einem IMAX-Kino, dem Sydney Convention und Exhibition Centre (Kongress- und Messegelände) und dem Shoppingcenter Harbourside (s. S. 84) mit noch mehr Restaurants und Bars. Seit 2011 gibt es auch einen kostenlosen **Spielplatz**, der die **Wasserspiele** rund um den Tumbalong Park sinnvoll ergänzt.

Die Cockle Bay wird von der 369 m langen **Pyrmont Bridge** überspannt, die eine reine Fußgängerbrücke ist. Die Drehbrücke aus dem Jahre 1902 öffnet sich am Wochenende noch immer elektrisch für den Bootsverkehr. Entworfen wurde sie mit dem bekannten „Allan Truss"-System von Percy Allan, der in seiner Laufbahn 583 Brücken baute.

› Fähren nach Darling Harbour Terminal und Pyrmont Bay, LightRail-Bahnhof Pyrmont Bay (neuer Sydney-Train-Bahnhof und Fährenanleger Barangaroo sind im Bau befindlich)

KLEINE PAUSE

Echter Burger gefällig?

Wer Lust auf einen guten Burger hat, wird sich über die zehn verschiedenen, raffiniert garnierten Burger im Meat District Co. freuen. Es gibt australische Klassiker wie Surf ‚n' Turf (Rindfleisch und Shrimps) und Roo Burger (mit Kängurufleisch) ebenso wie edle Varianten des klassischen Cheeseburgers, Hotdogs oder Steaks.

12 [D3] **Meat Disctrict Co.,** 11 Lime St (King St Wharf), Tel. 92999762, www.meatdistrictco.com.au, tgl. 11 Uhr bis ca. 23 Uhr

34 Madame Tussauds ★★ [D4]

2012 wurde in Darling Harbour die 13. Filiale des bekannten Londoner Wachsfigurenkabinetts Madame Tussauds eröffnet. Neben Berühmtheiten, die auch in anderen Niederlassungen zu bewundern sind, kann man hier auch australischen Persönlichkeiten wie Banjo Paterson, Henry Lawson, Ned Kelly, Donald Bradman, Rod Laver, Lane Beachley oder Mary MacKillop „persönlich" begegnen.

› Darling Harbour (direkt neben dem Aquarium und Wild Life Zoo), www.madametussauds.com.au, tägl. 9.30–19 Uhr (letzter Zutritt 18 Uhr), Eintritt: 28–40 $

35 Sea Life Aquarium Sydney ★★★ [D4]

Im Aquarium kommt man tropischen Fischen, Riesenschildkröten, Stachelrochen und vielen Haifischarten in gläsernen Tunneln ganz nah.

Wenn man keine Zeit hat, am Great Barrier Reef in Queensland oder bei Monkey Mia in Western Australia zu tauchen oder die Billabongs (große Teiche) im australischen Inland zu besuchen, ist dieses hervorragende Aquarium ideal, um einen Einblick in die **vielseitige Unterwasserwelt Australiens** zu erhalten. In den gläsernen Tunneln faszinieren große und kleine Wassergeschöpfe wie Seedrachen, Seepferdchen, Haie, Rochen oder Krokodile und in anderen Becken bekommt man das lustige Schnabeltier zu sehen, das wie eine kleine Kreuzung zwischen Ente und Biber anmutet. Insgesamt leben hier **650 Meerestierarten.**

› **Sea Life Aquarium Sydney,** City-Seite von Darling Harbour, nördlich der Pyrmont Bridge, Sydney Trains: Town Hall, Fähren nach Darling Harbour Terminal, www.sydneyaquarium.com.au, geöffnet: tägl. 9.30–19 Uhr (letzter Einlass 18 Uhr), Eintritt: 29,40/42 $ (online/Kasse). Tägl. Fütterungen und Shows. 30-minütige Hai-Fütterungstour (11 Uhr) vorab reservieren (inkl. Eintritt 49,50 $).

36 Wild Life Zoo ★ [D4]

Der Wild Life Zoo, der sich über fast 5000 m² auf drei Etagen erstreckt, beherbergt entlang einem 1 km langen Wanderpfad **rund 100 einheimische Tierarten** wie Kängurus, Koalas, Emus und tropische Schmetterlinge. Die Anlage ist jedoch Geschmackssache, denn dieser Zoo ist **fast komplett überdacht und klimatisiert.** Man bekommt in der Tropenhalle bei 33 °C aber wunderbare Schmetterlinge und farbenfrohe Pythons zu sehen, die man im Taronga Zoo (s. S. 28) so nicht findet.

› **Wild Life Zoo,** Darling Harbour, Sydney Trains: Town Hall, Fähren zum Darling Harbour Terminal, www.wildlifesydney.com.au, geöffnet: tägl. 9.30–18 Uhr (letzter Einlass 17 Uhr), Eintritt: 28/40 $ (online/Kasse). Halbstündlich Fütterungen oder Informationsveranstaltungen.

37 Australian National Maritime Museum ★★ [D4]

Das Museum wurde 1997 vom ehemaligen niederländischen Premierminister Wim Kok eröffnet. Diese Ehre wurde ihm zuteil, weil die Besatzung des holländischen Schiffes „Duyfken" die ersten Europäer waren, die den australischen Kontinent betraten und das Land New Holland tauften.

In diesem Museum gibt so viel zu sehen, dass man sich besser vorab ein paar Themen herauspickt, sonst kann es leicht zu viel werden. Erstaunlich ist die dokumentierte **Reise des Deutschen Oskar Speck,** der 1932 Deutschland über die Donau in einem 5,49 m langen Kanu namens „Sonnenschein" mit einem kleinen Segel verließ, um in Zypern Arbeit zu suchen, dann sieben Jahre weiterreiste und nach 50.000 km schließlich in Australien landete und sich einbürgern ließ. Außerdem gibt es eine Ausstellung über die **Expedition von Ernest Shackleton** zur Antarktis.

Vor dem Museum kann man u. a. das **Schlachtschiff HMAS Vampire,** das **U-Boot HMAS Onslow** der australischen Marine, eine Replik von Kapitän Cooks **HMB Endeavour** (wenn vor Anker) und die beiden Segelschiffe **James Craig** und **Duyfken** (wenn vor Anker) von innen besichtigen. Auf der James Craig, einem restaurierten Schiff von 1870 (Buchung

036sy Abb.: eg

KLEINE PAUSE

Frisches Sushi und die besten Fish & Chips

Liebhabern von Fisch und Meeresfrüchten sei ein Lunch auf dem Sydney Fish Market mit Aussicht auf die Blackwattle Bay und die ANZAC Bridge empfohlen. Hier bekommt man bei rund 20 Verkaufsständen Sashimi, Sushi, frisch gegarte Riesengarnelen, Hummer, die besten Fish and Chips, Calamari, Austern, Schnapper, Whiting, Barramundi, Thunfisch etc. Frischer geht es nicht!

13 [C4] **Sydney Fish Market,** Bank St, Pyrmont, Light Rail: Fish Market, geöffnet: tägl. 7–16 Uhr (manche Fr.–So. bis 17 Uhr, Fisherman's Wharf Restaurant bis 23 Uhr). Es gibt auch anderthalb bis zweistündige „Behind The Scenes"-Touren, bei denen man das Auktionssystem kennenlernt u. v. m. (Mo./Mi./Do./Fr. um 6.40 Uhr, 35 $)

s. S. 119) kann man auch auf große Fahrt gehen.

An der Pyrmont Bay Wharf findet man die 100 m lange, bronzene **Welcome Wall**, in die Hunderte von Namen von Menschen eingraviert wurden, die nach Australien emigriert sind.

› 2 Murray St, Darling Harbour, Light Rail: Pyrmont Bay, Fähren nach Pyrmont Bay, geöffnet: tägl. 9.30–17 Uhr (Januar bis 18 Uhr), Eintritt: frei (für Dauerausstellungen), Eintritt inkl. Besichtigung aller Schiffe: 30 $. Shop mit guter Buchauswahl zu maritimen Themen und Yots Café am Hafenufer. WLAN.

Das Cape Bowling Green Lighthouse am Australian National Maritime Museum

Entdeckungen außerhalb des Zentrums

Die City mit ihren Wolkenkratzern und den historischen Gebäuden ist bei Weitem nicht alles, was Sydney zu bieten hat. Per Fähre oder Bus sollte man in jedem Fall die berühmten Surf- und Badestrände besuchen. Aber auch die stadtnahen Vororte bieten ein ganz besonderes Flair, denn hier sind z. B. die besten Märkte der Stadt zu finden, die australische Modeindustrie, Universitätskultur, eine Vielzahl an Ausgehmöglichkeiten und noch mehr interessante Sehenswürdigkeiten in traditioneller Architektur.

Inner East

Mit Inner East sind in diesem Buch vor allem die innerstädtischen Vororte **Kings Cross, Potts Point, Darlinghurst** und **Paddington** gemeint, die man zu Fuß oder schnell per Bus und Sydney Trains erreichen kann. Wenn man am Abend gern „über die Stränge schlägt", ist Kings Cross 39 nicht fern, das für sein großes Nightlife-Angebot mit berühmt-berüchtigtem Schmuddelimage bekannt ist. Die Stadt bemüht sich jedoch seit Jahren, die „Rotlichtszene" und die „Drogenszene" aufzuräumen, daher trifft man heute mehr auf gute **Nachtklubs und Diskotheken** als auf Bordelle und Sexklubs.

In Kings Cross und im benachbarten Potts Point befinden sich heute auch die meisten **Backpacker-Unterkünfte,** von denen viele von jungen Rucksackreisenden als Partyzentralen gerühmt werden, die jedoch nicht alle zu empfehlen sind. Die Oxford St im angrenzenden Darlinghurst kennt man als **Diskothekenmeile** und Heimat der **Schwulenszene,** während die gleichnamige Straße in Paddington von australischem **Modeglamour** dominiert wird, außerdem findet dort einer der schönsten **Märkte** der Stadt statt. Neben dem Nightlife-Angebot, den vielen Restaurants und Cafés gibt es in den innerstädtischen Vororten jedoch auch einige wichtige **historische Gebäude** aus der Kolonialzeit, die einen Besuch lohnen.

› ab Circular Quay (Alfred St) mit Bus 380 über Hyde Park (Elizabeth St), Oxford St (Darlinghurst und Paddington), auch von Campbell Pde in Bondi Beach aus erreichbar. Sydney Trains: Kings Cross oder Museum.

38 Elizabeth Bay House ★★ [H4]

Malerisch an der Elizabeth Bay in Potts Point gelegen gilt das Elizabeth Bay House als **schönstes koloniales Wohnhaus von Sydney.** Beim einstigen Anwesen des **Kolonialsekretärs Alexander Macleay** fasziniert auch

037sy Abb.: eg

Das Elizabeth Bay House gibt Einblick in das Leben des Kolonialsekretärs Alexander Macleay

heute noch die traumhafte Innenarchitektur des Architekten John Verge. Das 1835 bis 1839 erbaute Haus hat einen ovalen Salon mit einem ellipsenförmigen Treppenaufgang, bei dem jede Stufe aus einem massiven Stück Naturstein besteht, das auf einem in der Wand verankerten Träger ruht – eine meisterhafte Bauleistung und ein Augenschmaus! Das Gebäude ist weitgehend mit dem ursprünglichen Interieur der Macleays ausgestattet und gewährt einen umfassenden Einblick in das Leben der Familie. Alexander Macleay war ein passionierter Insektensammler und seine Tochter malte die Wildblumen Australiens. Schade ist, dass die Fußböden seit einigen Jahen zum Schutz mit Tüchern abgedeckt sind.

› 7 Onslow Av, Potts Point, www.sydneylivingmuseums.com.au, geöffnet: Fr.–So. 10–16 Uhr, Eintritt: 12 $

39 Kings Cross ★ [H5]

Der **El Alamein Fountain** des Sydneysider Architekten **Bob Woodward** wurde 1961 eingeweiht und ist den australischen Gefallenen der beiden Schlachten von 1942 bei El Alamein in Ägypten gewidmet. Rund um den Brunnen findet samstags von 8 bis 14 Uhr ein Bio-Markt statt. Es gibt aber auch immer schöne, nicht-essbare Dinge zu kaufen. Am Platz rund um den Brunnen endet das betuchte Potts Point und hier beginnt mit der Darlinghurst Rd der Vorort **Kings Cross**, der an der William St endet. Alle Versuche der Stadtverwaltung, den Platz anders zu gestalten, werden von den Bewohnern abgeschmettert. Sie lieben ihr Kings Cross so wie es ist: mit **Schmuddelcharakter** und **Laissez-faire-Leichtigkeit.**

Besonders in den 1920er-Jahren war dieses Stadtviertel für seine vielen **Glückspielkneipen** und **Bordelle** berühmt und berüchtigt. In den 1930er-Jahren zogen **Schriftsteller** und **Kunstschaffende** hierher, denn die Miete war günstig. Seit der Jahrtausendwende wurde das Stadtviertel zunehmend **gentrifiziert**, aber Drogensüchtige, Obachlose und Alkoholiker gibt es hier immer noch und auch die Bordelle und Nachtklubs sind rund um die Kellett St [H5] noch zu finden. In den Nachtklubs, Diskotheken, Bars, Pubs und Restaurants setzt man nun jedoch auf **Lounge-Schick**, edle Küche und Weltklasse-Innenarchitektur.

Seit im Februar 2014 die sogenannten **„inner-city lockout laws“** in Kraft getreten sind, dürfen die Bar-

KLEINE PAUSE

Berühmter Imbiss

Das **Harry's Café de Wheels** vor den Toren des Marinehafens Bravo Base in Woolloomooloo ist über Sydneys Grenzen hinaus berühmt und machte hier schon in den 1940er-Jahren mit einem mobilen Imbisswagen Geschäfte. Heute gibt es hier alle Arten von *pies* und *pasties* (herzhaft gefüllte Küchlein und Teigtaschen). Am schnellsten erreicht man Woolloomooloo von der Victoria St 40 aus über einen der alten **Treppenaufgänge** aus der Zeit um 1870 wie die McElhone Stairs oder die Butler Stairs, von denen sich Sydneys Skyline außerdem gut ablichten lässt.

14 [G4] **Harry's Café de Wheels,** Cowper Wharf Rd, schräg gegenüber der Dowling St (neben dem Eingang zur Marinebasis), Woolloomooloo, Sydney Trains: Kings Cross, geöffnet: Mo./Di. 8.30–2, Mi./Do. bis 3, Fr. bis 4, Sa. 9–4, So. 9–1 Uhr

KLEINE PAUSE

Eiscremekünstler

Hier gibt es **hausgemachte sizilianische Eiscreme** und **Sorbets** mit ganz besonderen Geschmacksnoten. Himmlisch sind die Kombinationen „Pear & Rhubarb" (Birne und Rhabarber), „Salted Caramel & White Chocolate" (salziges Karamell und weiße Schokolade) oder Tiramisu.

15 [G5] **Gelato Messina,** 241 Victoria St, Darlinghurst, So.–Do. 12–23, Fr./Sa. 12–23.30 Uhr. Filiale in Bondi Beach, 61 Hall St., Mo.–Do. 12–23, Fr./Sa. 12–23.30, So. 12–22 Uhr. Filiale bei Circular Quay, Gateway Plaza, 1 Macquarie Place, Mo.–Do. 11–23, Fr./Sa. 11–23.30 Uhr.

und Nachtklub-Betreiber **ab 1.30 Uhr keine neuen Gäste** hereinlassen und **ab 3 Uhr keinen Alkohol** mehr verkaufen. Man will damit der Gewaltbereitschaft der stark alkoholisierten Gäste entgegenwirken. Seit Einführung des Gesetzes gab es 2015 allein in Kings Cross 32 % weniger alkoholbedingte Übergriffe. Allerdings laufen den Nachtklubs und Bars durch dieses neue Gesetz die Gäste davon: Sie gehen einfach nach Bondi, Newtown oder Manly und machen dort dasselbe wie zuvor in der City. Die traurige Bilanz: Eine Reihe von Nachtklubs, die seit Jahren zu den Favoriten zählten, schlossen für immer ihre Pforten. Was aus den Ausgehmeilen Kings Cross und Darlinghurst auf lange Sicht werden wird, bleibt abzuwarten. Anfang 2016 entschieden die verantwortlichen Politiker, das Gesetz in Kraft zu lassen. Aber es wird allgemein erwartet, dass die Regelungen wieder gelockert werden. Fragt sich nur wann: früher oder später?

40 Victoria Street ★★★ [H4]

Die elegante, baumgesäumte Victoria St, die durch Potts Point und Kings Cross 39 führt, ist jederzeit einen kleinen Spaziergang wert. Durch den Einsatz einer Gruppe von Intellektuellen, die als Sydney Push bekannt wurde, sind viele Häuser aus der georgianischen und viktorianischen Ära der Zerstörung in den 1970er-Jahren entgangen, als Bauherren die Gebäude am liebsten durch moderne Hochhäuser ersetzt hätten, um dadurch zu Reichtum zu kommen.

In der Victoria St, der Challis Av [H3/4] und der Macleay St [H4] in Richtung El Alamein Fountain (s. S. 46) findet man eine Vielzahl an guten, schicken oder gemütlichen **Restaurants und Cafés.** Überquert man die William St in Richtung Darlinghurst, lohnt sich ein Blick auf die Fassade der ungewöhnlichen **Feuerwache** (Ecke Darlinghurst Rd, Victoria St und William St) aus dem Jahr 1910 von Walter Liberty Vernon mit ihrem bunten Mix aus verschiedenen Dachhöhen, Schwüngen, Kanten und Fensteranordnungen. Auf dem Abschnitt der Victoria St von der alten Feuerwache bis zur Burton St sind viele gute Restaurants, Cafés und Pubs zu finden. Weitere Lokale gibt es in der parallel verlaufenden Darlinghurst Rd, auf der man nach Kings Cross zurückgehen kann, wenn man nicht in Darlinghurst tanzen gehen möchte oder einen Ausflug zur Modemeile Oxford St 44 in Paddington plant.

Interessiert man sich für modernes Design, sollte man einen Abstecher zum **Australian Design Centre** (s. S. 68) machen. 2015 wurde es anlässlich seines 50-jährigen Jubiläums umbenannt (früher „Object Gallery" in Surry Hills) und zog in die Räumlichkeiten nach Darlinghurst um. Hier kann man ständig wechselnde Ausstellungen von sehenswerten zeitgenössischen australischen Designobjekten bewundern.

41 Golden Mile ★ [G6]

Gleich hinter dem Südende des Hyde Park beginnt entlang der Oxford St in Darlinghurst die „Golden Mile“ (goldene Meile), wo alljährlich die schillernd bunte Mardi-Gras-Parade abgehalten wird.

Hier ist das traditionelle **Herzstück der Schwulenszene** und das wurde in der Vergangenheit auch immer wieder von der Stadtverwaltung gewürdigt. Sie verzierte die Oxford St regelmäßig mit **Regenbogenfahnen.** Vor allem nachts tobte sich die Szene bis zur Einführung der *inner-city lockout laws* in den Bars und Klubs von Darlinghurst aus und besonders am Wochenende fanden sich ebenso gern die Heterosexuellen in den zahlreichen Nachtklubs ein. „Reine“ Schwulenklubs gibt es hier aber auch (noch).

Leider kam es immer wieder zu nächtlichen Schlägereien zwischen stark alkoholisierten Gästen und daher versucht die Stadtverwaltung die **Gentrifizierung des Stadtviertels** u. a. durch das **Aufkaufen berüchtigter Pubs** voranzutreiben. Gegenüber dem auf diese Weise aufgekauften Taylor Square Hotel (Taylor Sq) findet samstags von 8 bis 13 Uhr der **Sydney Sustainable Market** mit Bio-Obst- und -Gemüseverkauf statt.

Um den alkoholisierten Ausschweifungen der Gäste einen Riegel vorzuschieben, wird u. a. in **Darlinghursts Klubs** ab 1.30 Uhr niemand mehr hereingelassen und um 3 Uhr schließen die Bars (so nennt das ARQ lustigerweise 2:59 am als Endzeit für seine Partys). Diese Order der Stadtverwaltung ist leider so effektiv, dass bis zu 25 % weniger Gäste kommen und bis zu 40 % weniger Gewinn gemacht wird. Gestandene, beliebte Adressen wie Trademark Hotel, Backroom, Flinders Hotel und Exchange Hotel

EXTRATIPP

Snack im viktorianischen Konzertpavillon

Gegenüber dem ehemaligen Darlinghurst Gaol 42 kann man im charmanten **Bandstand Cafe** auf zwei Etagen oder draußen gemütlich speisen und etwas trinken.

16 [G5] **Bandstand Cafe,** Green Park (zwischen Darlinghurst Rd, Burton St und Victoria St), Darlinghurst, geöffnet: So.–Fr. 7.30–18 Uhr

038sy Abb.: eg

haben alle im Laufe von 2015 geschlossen. Nur wenige Etablissements ändern ihr Konzept und bleiben, so das The Bourbon, The Columbian, The Oxford Hotel oder das Midnight Shift. Bei anderen wie dem Stonewall bleibt alles beim Alten.

Was von der Ausgehmeile Darlinghurst übrigbleiben wird, weiß man noch nicht: *Drag Queens*, Türsteher und Barpersonal etc. verlieren ihre Jobs. Das Bedürfnis nach **speziellen Gay-Klubs** hat in der modernen Zeit abgenommen. Schwul oder lesbisch etc. sein, ist in den australischen Großstädten „normal" geworden.

Zudem hat sich längst herumgesprochen, dass es in den **Vororten** Newtown, Erskineville oder Enmore das „Lock-out-Gesetz" nicht gibt. Auch **Bondi Beach** 50 und **Manly** (s.S. 62) werden von Feierwütigen, die den Hals nicht voll bekommen können, zunehmen als Alternative aufgesucht. Das Problem mit dem extremen Alkoholkonsum hat sich damit nur verlagert, wurde aber nicht gelöst.

Die **Lesbenszene Sydneys** ist übrigens nicht in einem bestimmten Stadtviertel daheim, sondern eher in bestimmten Kneipen oder bei bestimmten Veranstaltungen (s.S. 116).

42 Darlinghurst Courthouse und Darlinghurst Gaol ★ [G6]

Dorische Säulen aus Sandstein schmücken den Eingang des neoklassizistischen **Darlinghurst Courthouse von 1844** am Taylor Sq, das noch immer als Gerichtsgebäude in Betrieb ist und daher nicht von innen besichtigt werden kann. Folgt man der langen Sandsteinmauer hinter dem Gerichtsgebäude, kommt man zum ehemaligen Gefängnis **Darlinghurst Gaol**, das durch einen unterirdischen Tunnel mit dem Courthouse verbunden ist. Beide Gebäude wurden von dem Kolonialarchitekten Mortimer Lewis entworfen.

Die ersten **119 männlichen und 33 weiblichen Gefangenen** wurden 1841 in das unfertige Gebäude gebracht. Zu den berühmten Gefangenen zählt der Schriftsteller Henry Lawson, der mehrfach eingesperrt wurde, weil er den Unterhaltszahlungen an seine Frau nicht nachkam. 1889 wurde Louisa Collins am Galgen erhängt. Sie hatte zwei Ehemänner mit Arsen vergiftet und war die einzige Frau, die jemals hier exekutiert wurde.

Während des Ersten Weltkriegs hielt man hier ab 1914 **Kriegsgefangene** im Darlinghurst Gaol fest, darunter auch viele Deutsche. 1921 wurde das Gefängnis zu einer Technischen Schule umgebaut, die später zu den staatlichen TAFE-Schulen für technische und weitere Bildung gehörte. Heute ist hier die **National Art School (NAS)** untergebracht.

Von innen kann man die Gebäude nicht besichtigen, aber eine Wanderung über das Gelände des ehemaligen Gefängnisses ist interessant (zugänglich: Mo.–Fr. 9–17 Uhr). Der runde Turm in der Mitte beherbergte ursprünglich im ersten Stock eine Kapelle und im Erdgeschoss das Badehaus. Alle anderen Gebäude sind strahlenförmig um diesen Turm angeordnet.

› **Darlinghurst Gaol**, Eingang Forbes St zwischen Taylor Sq und Burton St

43 Victoria Barracks ★ [H6]

Erlesene Militärarchitektur von 1848 – so kann man die schönen Sandsteingebäude beschreiben, in denen auch heute noch eine Division der Australian Army stationiert ist. Von 1841 bis 1848 dauerte die Fertigstellung der Victoria Barracks,

039sy Abb.: eg

040sy Abb.: eg

in denen die britische Armee untergebracht war, bis 1870 die Kolonialstreitkräfte von NSW ihre Aufgaben übernahmen. Von hier aus zogen australische Soldaten für die Briten nach Südafrika in den Burenkrieg.

Die Barracks sind das wichtigste, unveränderte Beispiel **georgianischer Architektur** in Sydney. Im ehemaligen Gefängnis auf dem Gelände ist das kleine **Army Museum of NSW** mit einer Ausstellung über die Militärgeschichte Australiens untergebracht.

› Oxford St, www.armymuseumnsw.com.au, geöffnet: Do. 10–13 Uhr im Rahmen einer Führung (Eingang am Wachhäuschen in der Moore Park Road, Eintritt: frei, aber man muss seinen Reisepass zur Identifizierung vorzeigen können.

Märktstände auf den wundervollen Paddington Markets

In den Paddington Reservoir Gardens (s. S. 53) sind die Ruinen des einstigen Wasserreservoirs zu sehen

44 Oxford Street und Paddington Markets ★★★ [I7]

Australisches Prêt-à-porter dominiert die Mode- und Kunstmeile Oxford St in Paddington. Hier haben alle namhaften Designer und viele Newcomer ihre Boutiquen. Kunstgalerien sorgen außerdem für weiteren Augenschmaus.

Hier gibt es endlich mal nicht nur Ladenketten, sondern kleine **Boutiquen** mit Damen-, aber auch Herrenmode, Wohndeko, Körperpflegeprodukten und mehr. Entlang der Oxford St findet man an der Ecke zur Glen-

KLEINE PAUSE

Neue Bar im Pubklassiker

In Paddingtons ältestem Pub ist neuer Retro-Glanz eingezogen. Man lehne sich gemütlich bei einer Flasche Wein zurück und schaue dem Treiben auf der Glenmore Road zu. Dazu bestelle man den ein oder anderen Leckerbissen.

17 [H6] **The Village Inn,** 9–11 Glenmore Rd, Paddington, tgl. 12–22/23 Uhr

more Rd im The Intersection einige der großen Namen der australischen Modewelt, darunter Willow, Alannah Hill, Sass and Bide und Zimmermann. Weniger bekannte Designer bieten jeden Samstag auf den **Paddington Markets** ihre Stücke an. Auch Lisa Ho hat hier einst angefangen. Rund um die Paddington Village Uniting Church herrscht seit 1973 an 250 Ständen ein herrliches Marktgewirr mit Mode, Schmuck, Pflanzen, Büchern, Kunst, Keramik, Hüten, Massagen etc. Natürlich gibt es auch viele Essensstände für den Hunger zwischendurch.

Weitere exklusive Mode- und Schuhboutiquen wie The Corner Shop oder auch Ginger & Smart findet man in der William St bis zur Ecke Hopetoun St. In der Glenmore Rd und entlang der Oxford St gibt es überdies viele interessante **Kunstgalerien.** Interessierte sollten ihre Entdeckungsreise bis zur Queen St in Woollahra fortsetzen, wo das renommierte **Auktionshaus Sotheby's** eine Niederlassung unterhält (30 Queen St). Wenn man von hier über die Hopetoun St und die Broughton St weiterwandert, kommt man zum Five-Ways-Viertel, so benannt nach dem Zusammentreffen von fünf Straßen an einer Kreuzung. Hier haben sich noch mehr Kunstgalerien niedergelassen.

› **Paddington Markets,** Paddington Village Uniting Church, 395 Oxford St, Paddington, www.paddingtonmarkets.com.au, geöffnet: Sa. 10–16 Uhr

45 Rund um die Paddington Town Hall ★ [H7]

Die hübsch restaurierte, ehemalige **Paddington Town Hall** von 1905 fällt mit ihrem 32 Meter hohen Uhrenturm ins Auge (Oxford St, Ecke Oatley Rd). Seit 1977 ist hier das **Programmkino Chauvel** (s. S. 82) untergebracht,

EXTRATIPP

Traditionelle Pubs in Paddington

Authentisch, untouristisch und uraustralisch laden diese Eckkneipen zum Essen und Trinken ein:

18 [I7] **Light Brigade Hotel,** Oxford St/Jersey Rd. In der Art-déco-Kneipe mit Blick auf die elegante Polizeiwache von Paddington in einem schönen, klassizistischen Gerichtsgebäude speisen. Liveübertragung von Sport-Events. Tipp: Dachterrasse mit Blick auf die City.

19 [I6] **The London Hotel,** William/Underwood St., Mo.–Sa. 12–24, So. 12–22 Uhr. Einer der ältesten Pubs dieser Gegend. Hier kehrt ein eher junges Publikum gerne für ein Rib-Eye-Steak oder einen Wagyu-Burger ein.

› **Paddington Inn** (s. S. 74). Im hippen Paddington Inn kann man bei einem Glas Wein oder Bier entspannen, bekommt aber auch exzellente kleine Mahlzeiten.

KURZ & KNAPP

Hoch mit der Regenbogenflagge

So heißt es alljährlich im März, wenn die Oxford St 44 wegen des **Mardi Gras** für den Straßenverkehr gesperrt wird. Es ist ein bombastischer Straßenkarneval zum Abschluss eines mehr als dreiwöchigen, **Kunst- und Kulturfestes der LGBT-Szene** in Darlinghurst und anderen Stadtvierteln. Der Mardi Gras ist das **größte Straßenfestival Australiens.** Die Parade der rund 130 Wagen mit rund 12.000 Teilnehmern zieht jährlich über 250.000 Zuschauer an.

› www.mardigras.org.au

EXTRATIPPS

Museen und Ausstellungen in der Universität

- **Chau Chak Wing Museum** (s. S. 66). Das neue Museum, dessen Fertigstellung für Ende 2018 geplant ist, wird zukünftig Sammlungen aus dem Ende 2016 geschlossenen Macleay Museum, der ebenfalls Ende 2016 geschlossenen University Art Gallery und dem bis zur Fertigstellung des Chau Chak Wing Museums weiterhin geöffneten Nicholson Museum (s. u.) beherbergen, darunter die naturkundliche Sammlung der Familie Macleay, von Captain Cooks Entdeckung der Ostküste im Jahr 1770, von Charles Darwin und von anderen Entdeckern sowie über 2500 Gemälde, Zeichnungen und Skulpturen von europäischen, asiatischen und australischen Künstlern.
- **Nicholson Museum,** Eingang vom Innenhof des The Quadrangle, geöffnet: Mo.–Fr. 10–16.30, 1. Sa. des Monats 12–16 Uhr, Eintritt: frei. Größte australische Sammlung archäologischer Funde und Kunstwerke aus Ägypten, dem Mittleren Osten, aus Griechenland, Italien, Zypern und Mesopotamien. Ende 2018 wird dieses Museum geschlossen und die Sammlung zieht in das geplante neue Chau Chak Wing Museum (s. o.) um.

★**20** [C7] **Rare Book Collection,** Fisher Library, 1. Stock, Eastern Ave, F03, Camperdown Campus, geöffnet: Mo.–Fr. 9.30–16.30 Uhr, Eintritt: frei, aber mittlerweile bekommt man die Bücher nur noch nach Vereinbarung zu sehen: rarebook.library@sydney.edu.au. Unter den wertvollsten Büchern sind 80 mittelalterliche Manuskripte wie Bibeln und Gebetsbücher, Arbeiten von Aristoteles, Boethius, Cicero, Augustinus und Boccaccio sowie Werke von Galilei, Halley, Lavoisier, Kepler, Kopernikus und Newton.

21 [C7] **Tin Sheds Gallery,** 148 City Rd, geöffnet: Di.–Fr. 11–17 Uhr, Eintritt: frei. Wechselnde zeitgenössische Ausstellungen zu Kunst und Design in der Fakultät für Architektur.

Glebe Events

- **Glebe Markets** (s. S. 86). Mehr als 200 Stände mit Designer- und Vintagekleidung, hipp gestalteten T-Shirts, originellem Schmuck, interessantem Kunsthandwerk und Gemälden. Zusätzlich gibt es Livemusik und Essensstände.
- Im Okt./Nov. belebt das **Glebe Music Festival** für zwei Wochenenden mit Jazz, Kammermusik und/oder Chören (www.glebemusicfestival.com) die Bühnen. Es gipfelt im **Glebe Street Fair** mit über 200 Ständen, bis zu 100.000 Besuchern auf der Glebe Point Rd zwischen Parramatta Rd und Bridge Rd (10–19 Uhr, www.glebe.com.au/streetfair), flankiert von einem Straßenmusikfest (11–19.30 Uhr).

Charmante Eckkneipen

Im von der Uni geprägten Glebe lohnt ein Kneipenbesuch auch zum Essen:

22 [C6] **Australian Youth Hotel,** 63 Bay St, Mo.–Fr. 11–24, Sa. 12–24, So. 12–22 Uhr. Das Australian Youth Hotel von 1857 lockt mit raffinierten Gaumengenüssen in schickem Ambiente.

23 [B6] **The AB Hotel,** 225 Glebe Point Rd, Mo.–Sa. 6–24, So. 10–22 Uhr. Im alteingesessenen The AB Hotel bekommt man relativ preiswerte, aber fantasievolle Gerichte mit asiatischem Einfluss.

das ebenso wie das **Palace Verona** (s. S. 82) eine der wichtigen Adressen für ausländische und künstlerische Filme in Sydney ist.

An der Straßenkreuzung Oxford St, Ecke Oatley Rd, trifft man auf weitere architektonisch interessante Gebäude: Das **Paddington Post Office** in einem charmanten, viktorianischen Bau des Architekten James Barnet wurde bereits im Jahr 1884 eröffnet. Die denkmalgeschützte, georgianische **Juniper Hall** von ca. 1825 wurde von Gin-Hersteller Robert Cooper gebaut und nach der Wacholderbeere *(juniper berry)* benannt, die als Aroma für Gin verwendet wird. In den **Paddington Reservoir Gardens** findet man die historischen Gemäuer des einstigen Wasserreservoirs von 1866, die von einer Gartenanlage umgeben sind, die zum Entspannen einlädt.

46 Australian Centre for Photography ★★ [H7]

In Zeiten, in denen man Fotos fast nur noch auf dem Computerbildschirm, in Zeitschriften oder in Form von Werbeplakaten sieht, wird das Auge beim Besuch der Pop-Up Gallery des australischen Zentrums für Fotografie mit wechselnden Ausstellungen von zeitgenössischen australischen Fotografen verwöhnt.

› 118 Oxford St, www.acp.org.au, geöffnet: Mi.–Fr. 12–18, Sa. 10–14 Uhr, Eintritt: frei

Glebe

Glebe ist ein hippes Stadtviertel mit Boheme-Touch – deutlich beeinflusst von der ältesten Universität Australiens, der University of Sydney. Die Geschäfte haben hier einen besonderen Touch: Es gibt kleine Boutiquen, Buchläden, Esoterikshops, Bioläden, Buchantiquariate und spezialisierte Musikshops – alles, nur keine großen Ladenketten.

› Bus 370 von Coogee über diverse Vororte (u. a. Newtown) zur Glebe Point Road. Bus 431 vom Martin Place über Castlereagh St (Elizabeth St bei Rückkehr), Central Station und Broadway entlang Glebe Point Road bis nach Rozelle Bay. Light Rail: Glebe und Jubilee Park.

47 Sydney University ★★ [B7]

Die **erste Universität Australiens** sollte man sich genauer anschauen. Das rechteckige Kerngebäude mit dem Innenhof nennt sich **The Quadrangle** und wurde von Edmund Blacket entworfen, der bis dahin für die Gestaltung von Sydneys Kirchen zuständig war, was man dem vornehmlich neogotischen **Universitätsgebäude von 1850** stilistisch auch ansieht. Vorlagen waren die englischen Universitäten in Oxford und Cambridge, deren Gründer auf den Buntglasfenstern am Ost- und Westende abgebildet sind.

1859 wurde die **Great Hall** eröffnet, die wie eine Kapelle aussieht und eine große Orgel enthält. 1860 kam der **East Wing** mit dem **Uhrenturm** hinzu, von wo aus jeden Sonntag um 14 Uhr ein Glockenspiel ertönt (während des Semesters auch Di. 13–14 Uhr). Im Anschluss gibt es am So. um ca. 14.45 Uhr eine kostenlose Tour zur Besichtigung des Instruments.

Auf dem Universitätsgelände wird 2017 mit dem **Bau des Chau Chak Wing Museums** (s. S. 66) an der Ecke Parramatta Road und University Avenue begonnen, dessen Eröffnung für Ende 2018 geplant ist. Es ersetzt dann zwei kleine **Museen** und eine **Kunstgalerie**, von denen nur das Nicholson Museum bis zur Fertigstellung geöffnet bleibt. Das Macleay Museum und die University Art Gallery wurden Ende 2016 geschlossen, damit deren Kollektionen für den Transfer vorbereitet werden können. Ebenfalls auf dem Gelände befindet sich die **Rare Book Collection** (s. S. 52)

EXTRATIPP

Spaziergang entlang der Blackwattle Bay

Im **Jubilee Park** [A4] am Ende der Glebe Point Rd kann man unter riesigen Moreton-Bay-Feigenbäumen herrlich entspannen, und zwar mit Blick auf die ANZAC Bridge, welche die Blackwattle Bay überspannt, und auf die Sydney Harbour Bridge in der Ferne. Schön ist ein Spaziergang auf dem Küstenpfad in Richtung City. Nach einer Pause im **The Boathouse** kommt man über die Ferry Rd wieder zurück auf die Glebe Point Rd. Alternativ fährt man mit der ab der Ferry Rd ausgeschilderten Light Rail zurück in die City.

24 [B4] **The Boathouse** $$, 123 Ferry Road, Glebe, Fr.–So. 12–15, Di.–So. auch 18–23 Uhr

Der Bicentennial Park an der Rozelle Bay mit der ANZAC Bridge im Hintergrund

041sy Abb.: eg

in der Fisher Library. Von der Anhöhe auf der University Ave hat man übrigens eine besonders gute **Aussicht auf die Skyline** der Stadt.

› www.sydney.edu.au

48 Glebe Point Road ★★★ [C6]

Hier gibt es einen der besten Märkte von Sydney, interessante Buchläden und eine muntere Café- und Restaurantszene.

Begeistert von den Paddington Markets und Lust auf mehr? Auch die **Glebe Markets** (s. S. 86) sind ein wahrer Genuss. Doch auch wenn kein Markttag ist, lohnt der Besuch der Glebe Point Rd, sofern man gerne von Café zu Café schlendert und in die **Atmosphäre** des Uni-Vororts abtauchen mag. Entlang der Glebe Point Rd findet man auch reichlich gute Restaurants, wo man je nach Vorliebe zu einer asiatischen, italienischen, japanischen oder anderen Mahlzeit einkehren kann.

Ebenfalls typisch für die Glebe Point Rd und Umgebung sind die vielen unabhängigen **Buch- und Musikläden** (s. S. 85). Es ist daher kaum verwunderlich, dass in Glebe allein jährlich mehr als 100 literarische Events wie Dichterlesungen und Buchvorstellungen stattfinden.

49 Historisches Glebe ★★ [B6]

Das historische Glebe bietet schmucke **Villen, Kirchen,** einen winzigen **chinesischen Tempel** und **traditionelle Eckkneipen.** Der Name „Glebe“ bedeutet „Pfarrland“. **Reverend Richard Johnson**, Kaplan der Ersten Flotte, bekam dieses Land um die Blackwattle Bay herum zugewiesen. Nach 1826 begann die Kirche von England, Teile der 160 ha großen Fläche zu veräußern und die Käufer bauten reich verzierte Villen. Immer mehr

Siedler kamen her und es entstand ein hübscher, **dörflicher Vorort.**

Es empfiehlt sich ein kleiner Rundgang durch die verträumten Wohnstraßen, die von der Geschichte des Viertels erzählen. Man folgt dazu der St. John's Rd [B6] ins einstige Zentrum des dörflichen Glebe mit dem **Glebe Courthouse** (St Johns Rd, Ecke Talfourd St), der **Glebe Police Station** (1–3 Talfourd St), dem 1870 von Edmund Blacket gebauten **St. John's Bishopthorphe** (Glebe Point Rd/St Johns Road), der **Glebe Fire Station** (75 St Johns Rd) im Federation-Stil von Walter Vernon und der **Glebe Town Hall** (160 St Johns Rd) im italienischen Stil.

In der Edward St befindet sich seit 1904 der winzige chinesische, buddhistische **Sze Yup Temple** (2 Edward St), der sich unter den chinesischen Einwohnern in den letzten Jahren immer größerer Beliebtheit erfreut. Er ist Kwun Ti gewidmet, einem chinesischen Helden aus dem 3. Jh., der für Brüderlichkeit, Loyalität und Barmherzigkeit steht.

Wem das alles nicht zusagt, der kann auch einfach nur durch die vielen traditionellen Eckkneipen von Glebe tingeln, die aus der Geschichte dieses Vororts nicht wegzudenken sind. Auf der Glebe Point Rd sind es The AB Hotel (s. S. 52) und das Toxteth Hotel (s. S. 75), bei 162 St. John's Rd das Nag's Head Hotel. Allesamt Institutionen in der örtlichen Pubszene seit über 100 Jahren.

Bondi Beach und weiter südlich

Bondi Beach mit seinem Rettungsschwimmklub von 1906, als die Badegesetze gelockert wurden und man offiziell im Meer baden durfte, ist der berühmteste Strand-Vorort Sydneys und bietet traumhaften, goldgelben Sand und grünblaues Wasser. Entlang der Küste der Tasman Sea gibt es jedoch noch weitere Strände, die man besuchen sollte, wenn man etwas Zeit mitbringt.

› Am schnellsten erreichbar per Buslinie 333 (PrePay), die es ab Circular Quay in 32 Minuten nach Bondi Beach schafft (man kann auch am Taylor Square in Darlinghurst zusteigen). Von anderen Orten in der Stadt kann man besser einen der Sydney Trains zum Bahnhof Bondi Junction nehmen, von wo aus man mit den Bussen 333 (Prepay), 380, 381 oder 384 in 10 bis 12 Minuten am Bondi Beach ist.

EXTRAINFO

Wichtig: rot-gelbe Flaggen!

Viele von Sydneys Stränden liegen am offenen Meer, das zuweilen eine reißende Brandung und tückische Unterströmungen aufweist. Entsprechend gefährlich kann es sein, im Meer zu schwimmen. An den zum Baden geeigneten Stränden sind **Rettungsschwimmer** im Einsatz. Vor einem **Hai-Angriff** muss man keine Angst haben, denn viele Strände in Sydney Harbour sind im Sommer **durch Netze geschützt** (u. a. die Strände in Manly, Bondi, Bronte, Coogee und Maroubra). An welchen Strandabschnitten man ohne Gefahr unter der Aufsicht der Rettungsschwimmer schwimmen gehen kann, sieht man an den beiden **rot-gelben Flaggen.** Zwischen den Flaggen kann man sich ins Wasser wagen. Sind keine Flaggen am Strand, sollte man es schlicht sein lassen. Übrigens: Strandstühle, Sonnenschirme u. Ä. kann man in Sydney nicht mieten. Man muss alles selbst mitbringen.

Faszinierend anders: Meeresfreibäder

Rund 100 Meeresfreibäder gibt es in NSW, davon ***allein 26 in Sydney.*** *Die meisten von ihnen datieren vom Ende des 19. bzw. Anfang des 20. Jahrhunderts, als das Schwimmen groß in Mode kam und insbesondere die* ***Rettungsschwimmer*** *angenehmere Temperaturen für das* ***Training in den Wintermonaten*** *haben wollten.*

Bei den Meeresfreibädern handelt es sich um rechteckige Vertiefungen (meist 25 oder 50 Meter lang) am Rand der Meeresklippen. Sie wurden ***aus dem Gestein herausgehauen*** *und bei Bedarf mit Beton ausgeformt und werden durch die* ***Flutwellen*** *immer neu mit Meerwasser befüllt. Da das Wasser nicht komplett abfließen kann, ist es deutlich wärmer als das Wasser im Meer und eignet sich daher auch zum Schwimmen in den Wintermonaten. Viele der Meeresfreibäder stehen heute unter* ***Denkmalschutz,*** *aber man sollte sie vor allem besuchen, weil der Anblick der Konstruktion allein schon erstaunlich ist. Die Lage an den Klippen ist oftmals spektakulär!*

Das schickste Meeresfreibad: Bondi Icebergs in Bondi Beach

042sy Abb.: eg

EXTRATIPPS

Wale in Sicht!

Umrundet man zwischen Juni und Anfang September **Mackenzies Point**, kann man auf dem Meer vorbeiziehende **Buckelwale** *(Humpback Whales)* und **Südkaper** *(Southern Right Whales)* oder aber eine von zehn weiteren Walspezies sehen. Ein Naturschauspiel, das man sich nicht entgehen lassen sollte!

Verschiedene Veranstalter bieten in der Saison Bootstouren zu den Walen an (s. S. 120). Wenn man genau wissen möchte, wo bereits Wale gesichtet wurden, kann man sich die App **„Wild About Whales"** des NSW National Parks and Wildlife Service installieren (kostenlos für Android und iOS).

•**25** [III] **Mackenzies Point,** Felsplatte zwischen dem Südende von Bondi Beach und dem Nordende von Tamarama Beach am Wanderweg nach Coogee

Events in Bondi

26 [III] **Bondi Markets,** Bondi Beach Public School, Campbell Pde, geöffnet: So. 10–16 Uhr, www.bondimarkets.com.au. Kleiner Markt mit Kreationen junger Modedesigner, Vintagekleidung, Schmuck und Kunsthandwerk. Sa. 9 bis 13 Uhr auch Farmer's Market mit Obst, Gemüse und regionalen Spezialitäten.

› **Flickerfest,** www.flickerfest.com.au. Zehntägiges internationales Kurzfilmfestival im Bondi Pavilion (s. S. 57).

› **Sculpture by the Sea,** www.sculpturebythesea.com, Ende Okt./Anfang Nov. Der 2 km lange Küstenweg von Bondi nach Tamarama wird einen Monat lang für die Ausstellung von ca. 100 Skulpturen nationaler und internationaler Künstler genutzt (ca. 500.000 Besucher jährlich).

› **City2Surf,** www.city2surf.com.au. 14-km-Volkslauf von Hyde Park nach Bondi Beach (rund 80.000 Teilnehmer).

50 Bondi Beach ★★★ [III]

Surfen, Schwimmen und andere Wasser- und Strandsportarten dominieren die Bucht von Bondi Beach. Was läge da näher, als es den anderen gleichzutun und sich in die Wellen zu stürzen?

Der beliebte Badevorort an der Tasman Sea ist nur sieben Kilometer vom Stadtzentrum entfernt und der nahegelegenste Strand dieser Größenordnung. Die Bucht mit **feinstem Sand** und **wilden Surfwellen** ist hier ungefähr einen Kilometer lang und an der breitesten Stelle 250 m breit. Die Wellen sind an der Südseite des Strandes besonders rau und man sollte daher hier auch nicht schwimmen, sondern höchstens surfen. Während der Sommermonate werden die Badenden zusätzlich durch **Haiabfangnetze** unter Wasser geschützt, sodass man eine Begegnung mit einem Weißen Hai hier zuverlässig ausschließen kann. Am Nordende des Strandes befindet sich ein kleines, abgetrenntes **Meeresfreibad**, das vor allem zum Planschen für Kinder gedacht ist. Die Grasfläche daneben ist besonders bei der Schwulenszene für ein Sonnenbad populär. Hier geht es ums Sehen und Gesehen werden.

Etwa in der Mitte des Strandes steht der **Bondi Pavilion.** Dieses denkmalgeschützte, neo-georgianische Badehaus stammt von 1928, als das Baden groß in Mode kam und man hier Umkleiden, Duschräume und ein türkisches Bad baute. Heute fungiert es nur noch als Gemeindezentrum, in dem wechselnde Ausstellungen gezeigt werden und Theatervorstellungen, Workshops oder andere Veranstaltungen stattfinden.

Wilde Wellen rollen auf das aus Naturstein gehauene Meeresfreibad **Bondi Icebergs** zu und die Schwimmer, die hier ihre Runden ziehen, werden von oben zusätzlich mit der sprühenden Gischt berieselt. Das Freibad wurde 1929 gebaut, damit die Rettungsschwimmer auch in den Wintermonaten trainieren konnten. Damals wurde in den Statuten festgelegt, dass man, um **Mitglied im Klub** bleiben zu können, für einen Zeitraum von fünf Jahren in den Monaten September bis Mai an drei von vier Sonntagen an Wettkämpfen teilnehmen muss. Obwohl viel diskutiert, ist diese Regel noch immer in Kraft. Frauen können hier im Übrigen erst seit 1994(!) Mitglied werden.

Als **Besucher** kann man auf den acht 50-Meter-Bahnen jedoch auch ohne Mitgliedschaft seine Bahnen schwimmen (wenn man weiter als fünf Kilometer von Bondi Beach entfernt seinen regulären Wohnsitz hat). Außerdem gibt es hier eine besonders im Winter beliebte **Sauna**, in der man seine Schwimmkleidung allerdings anbehalten muss. Aber man sollte Folgendes bedenken: Anders als in Europa sind FKK und der Saunabesuch vor allem eine Domäne der schwulen Männer. Frauen und heterosexuelle Männer gehen in Australien nur selten in die Sauna.

KLEINE PAUSE

Hier isst das Auge mit

Die **Icebergs Terrace** (Mo.–So. 12–20 Uhr – wenn das Wetter es erlaubt, angrenzendes Restaurant bzw. Bar Mo.–Sa. 12–24, So. 12–22 Uhr) im Balkonbereich der Bondi Icebergs (s. S. 58) mit Blick auf den Pool kann man auf einen Kaffee oder Smoothie oder ein gesundes Frühstück besuchen, ohne Eintritt ins Schwimmbad zahlen zu müssen.

Im **Icebergs Dining Room and Bar** (Di.–So. 12–22 und Bar Di.–Sa. bis 24, So. auch Brunch ab 10) schlürft man am Abend coole Drinks oder genießt dabei eine der bekannten Livebands, die hier regelmäßig am Wochenende auftreten.

★27 [III] **Bondi Icebergs,** 1 Notts Ave, www.icebergs.com.au, Crabbe Hole Café am Pool: tgl. 7–17 Uhr, Schwimmen: Mo.–Mi. u. Fr. 6–18.30 (Do. wird der Pool gereinigt und öffnet dann nur, wenn die Reinigung erledigt ist und der Wellengang es zulässt), Sa./So. 6.30–18.30 Uhr, Eintritt: 6,50 $ (inkl. Sauna)

Der sechs Kilometer lange **Küstenwanderpfad von Bondi Beach nach Coogee** 55 zieht sich von den Bondi Icebergs entlang der Küste weiter nach Süden. Er bietet eine fantastische Aussicht, begeistert Wanderer, Jogger und alle Naturfreunde. Es handelt sich hier aber lediglich um einen Abschnitt des längeren Wanderpfads,

043sy Abb.: eg

Bootsklub in Gordons Bay

der von Circular Quay bis nach Cronulla am Rande des Royal National Parks führt.

Entlang der Küste sind viele Abschnitte des Wegs als **Aquatic Reserve** klassifiziert, was bedeutet, dass das Sammeln von Krabben, Seeschnecken, Muscheln, Tintenfischen etc. im Küstenbereich bis zu 100 Meter ins Meer (gemessen ab Ebbestand) nicht gestattet ist. Entsprechend können **Schnorchler** hier eine ganz wunderbare Unterwasserwelt bewundern – insbesondere in **Gordons Bay.**

51 Tamarama Beach ★ [III]

An diesem schmalen, zwischen den Klippen eingekeilten Sandstrand sitzen viele **Surfer** auf ihren Brettern und warten auf gute Wellen. Die **Brandung** kann hier ganz schön heftig werden, entsprechend macht es Spaß, den Surfern zuzuschauen.

Tamarama Beach gilt als der **gefährlichste bewachte Strand von NSW,** mit mehr Rettungsaktionen als an allen anderen Stränden von Sydney. Allerdings hat der örtliche **Rettungsschwimmerklub** in seiner über 100-jährigen Geschichte noch kein einziges Leben in der Brandung verloren. Ein bemerkenswerter Erfolg, der für die Rettungsschwimmer spricht.

Im **Tamarama Park** hinter dem Strand gibt es kostenlose Barbecue-Anlagen, an denen besonders bei schönem Wetter am Wochenende viel los ist.

› Bus 361 vom Sydney-Trains-Bahnhof Bondi Junction oder South Bondi (Sandridge St)

52 Bronte Beach ★★ [I]

Bronte Beach ist ein sichelförmiger Strand und dahinter befindet sich ein großer Park, in dem man das hübsche **Bronte House** von 1845 findet. Das Haus mit seinem wundervollen Garten wird jedoch normal vermietet und ist in der Regel nur an sechs Tagen pro Jahr für die Öffentlichkeit zugänglich. (Termine werden kurzfristig auf www.waverley.nsw.gov.au bekannt gegeben.)

Wer sich nicht ins unruhige Meer stürzen möchte, kann in den kostenlosen **Bronte Baths** von 1887 am Südende des Strandes dennoch im Meerwasser schwimmen. Früher badeten hier die Männer von Sonnenaufgang bis 10 Uhr und die Damen von 16 Uhr bis Sonnenuntergang. Die Sonn- und Feiertage waren ganz für das männliche Geschlecht reserviert! Das hat sich zum Glück geändert. Sonntags ist die Grünfläche im **Bronte Park** gefüllt mit Menschen, Kühltaschen und Campingstühlen – und der Duft von Gegrilltem hängt in der Luft, denn hier gibt es auch kostenlose Barbecue-Anlagen.

S29 [I] **Bronte Baths,** Südende des Strandes, Bus 361 vom Sydney-Trains-Bahnhof Bondi Junction oder South Bondi (Sandridge St)

KLEINE PAUSE

Wanderpause

Wenn man den **Küstenpfad von Bondi Beach nach Coogee** läuft, findet man in Bronte entlang der Bronte Rd einige gute Cafés, die sich für einen kulinarischen Zwischenstopp eignen. Besonders empfehlenswert:

28 [I] **The Ex Lounge,** 471 Bronte Rd, 1. Stock, tägl. 7–22 Uhr

53 Waverley Cemetery ★★ [I]

Über die Bronte Rd gelangt man zum Waverley Cemetery von 1877, dessen Grabsteine bis an die Klippen heranreichen. Die **Verbindungs-**

straße vom Bronte Beach zum Friedhof ist gut fünf Meter tief in die Klippen gehauen, da die frühen Siedler das **Baumaterial** für ihre Häuser hier abbauten.

Wer gern alte Friedhöfe besucht, sollte einen Rundgang zwischen den schönen Beispielen für **viktorianische** und **edwardianische Grabsteinarchitektur** machen. Hier ruht so mancher **berühmte Australier.** Dazu gehören beispielsweise Henry Lawson, Dichter und Journalist, und die Dichterin Dorothea Mackellar, deren Gedicht „My Country" bei Erscheinen 1908 zu den beliebtesten der Zeit gehörte. Noch eine Berühmtheit ist Lawrence Hargrave, Pionier, Entdecker und Erfinder. Die ersten in Europa gebauten Flugzeuge griffen auf seine Technik zurück.

› St Thomas St, Bronte, Bus 360 vom Sydney-Trains-Bahnhof Bondi Junction, geöffnet: Mai–Aug. 7–17 Uhr, Apr./Sep.–Nov. 7–18 Uhr, Dez.–März 7–19 Uhr. Informationen zu den Grabstätten, Büro des Friedhofs, Thomas St, Mo.–Fr. 9–16 Uhr.

54 Clovelly Beach ★ [IV]

Der geschützte Clovelly Beach wird links und rechts von einem **Felsplateau** begrenzt, das überbetoniert und mit **Treppenabgängen** ins Meer versehen wurde. Schön sieht das nicht gerade aus, aber die Anwohner schätzen diese Anlage, die das Schwimmen und Schnorcheln im Meer erleichtert. An der Südseite des Strandes gibt es ein kostenloses, betoniertes 25-Meter-Meeresfreibad: Clovelly Ocean Pool.

› Bus 360 vom Sydney-Trains-Bahnhof Bondi Junction, Bus 339 ab Gresham St/Bridge St (City) über Martin Place (Elizabeth St), Central Station (Eddy St) und durch diverse Vororte nach Clovelly

55 Coogee Beach ★★★ [IV]

Coogee ist der gemütlichere Strandvorort und obendrein der Spitzenreiter, was die Zahl der Meeresfreibäder am Ufer anbelangt – hier gibt es gleich vier.

Ein **einfaches Meeresfreibad** (Giles Baths) liegt am südlichen Zipfel des Dunningham Reserve, wo seit 2003 das formschöne **Bali Memorial** des Künstlers Sasha Reid zu finden ist, mit dem an die Opfer des Bombenanschlags von 2002 in Bali erinnert wird, von denen zwanzig aus nahegelegenen Vororten von Sydney kamen.

Am Südende des Strandes von Coogee befindet sich der ebenfalls frei zugängliche **Ross Jones Memorial Pool** von 1947, der rundum mit kleinen Betonpfeilern verziert ist, die an die Zinnen einer Sandburg erinnern. Dieses Meeresfreibad liegt gleich neben dem Rettungsschwimmerklub, der den Pool auch vornehmlich nutzt.

Einmalig in Australien sind die 1886 eröffneten **McIvers (Women's) Baths,** die bis 1922 durch die McIver-Familie betrieben wurde. 1922 übernahm der Randwick Ladies Amateur Swimming Club und leitet das Meeresfreibad auch heute noch. Es soll schon seit Jahren renoviert werden, aber nach wie vor ist alles beim Alten: Den Eintritt von 20 Cent wirft man einfach in einen bereitstehenden Topf! Weil das Bad nur für Frauen ist, trifft man hier viele Muslimas, Lesben und Mütter mit Kindern an. Eine Klage wegen Verstoßes gegen das Antidiskriminierungsgesetz wurde 1995 erfolgreich abgewehrt und somit ist es das einzige Bad in ganz Australien, welches ausschließlich für Frauen (und kleine Kinder) zugänglich ist.

Absoluter Geheimtipp bei den Einheimischen ist das vierte Meeresfreibad in Coogee: die **Wylie's Baths**

EXTRATIPP

Mit den Haien tauchen

Das Besondere am Manly Sea Life Sanctuary ist, dass man dort einen **Tauchgang im Haifischbecken** buchen kann. Dabei trifft man auf vier verschiedene Rochenarten, Riesenschildkröten, Schnapper, Mulloway und vier Haifischarten.

★**30** [II] **Manly Sea Life Sanctuary,** West Esplanade, Fähre von Circular Quay nach Manly, Bus 151 ab QVB (City), Eintritt: 18 $ online, sonst 25 $, geöffnet: tägl. 9.30–17 Uhr (letzter Einlass 16.30 Uhr), www.manlysealifesanctuary.com.au. Ein Tauchgang mit Haien und Rochen (Shark Dive) muss vorab gebucht werden (252–395 $).

Events in Manly

Tagesaktuelle Events in Manly kann man unter www.manly.nsw.gov.au abfragen.

- **Cole Classic,** Anfang Februar, Massen-Wettschwimmen für einen wohltätigen Zweck mit rund 4500 Teilnehmern, das seit 2005 an Manly Beach stattfindet
- **Carnival,** Australia Day (26.1.) und Australia Day Wochenende, diverse Schwimm- und Lebensrettungswettbewerbe im Meer, an Manly Beach und beim Freshwater Surf Life Saving Club
- **Australian Open of Surfing,** Februar/März, Surf-, Skateboard-, BMX- und Musikevent am Manly Beach
- **Manly Arts Festival,** ca. 14 Tage lang ab dem zweiten Fr. im September. Die Innenstadt wird zur Bühne für bildende und darstellende Kunst.
- **Manly Jazz,** Wochenende Anfang Oktober. Gratis-Konzerte (Jazz, Blues, Roots, Rock etc.) in Cafés, Restaurants und als Open Air auf dem Corso.

31 [II] **Manly Market Place,** Sydney Rd und Market Lane, Sa./So. 10–17 Uhr. Verkauf von Schmuck, Mode, Kunsthandwerk und Design. Mi. und So. 8–14 Uhr auch Manly Fresh Produce Markets, Manly Plaza, Sydney Road, mit Gemüse, Obst und Leckereien aus der Region.

Cruise oder Wassertaxi nach Fort Denison

Auf der **ehemaligen Gefängnisinsel** kann man an einer Führung teilnehmen oder sich auf eigene Faust umschauen.

Man errreicht die Insel u. a. per Wassertaxi (VIP Water Taxis, Tel. 0418 847777). Eine **Rundfahrt** (30–45 Min.) mit Captain Cook Cruises kostet 20 $, ab Manly oder Circular Quay Wharf 6. Alternativ kann man ein Sydney Harbour EcoHopper Ticket kaufen (15/30/45 $ für 1/2/24 Std., Hop on, Hop off zwischen Manly, Quarantine Station, Watsons Bay, Rose Bay, Taronga Zoo, Fort Denison, Circular Quay und Darling Harbour, www.fortdenison.com.au).

von 1907, die seit 1993 unter Denkmalschutz stehen. Dieses 50-Meter-Meeresfreibad ist einzigartig in seiner Gestaltung und hier trifft man auch auf besonders viele Meeresgeschöpfe, die mit Ebbe und Flut ein und aus gehen. Namensgeberin war Wilhelmina Wylie, die Tochter des Gründers. Sie war eine der ersten australischen Schwimmerinnen, die an den Olympischen Spielen teilnahmen. 1912 gewann sie in Stockholm hinter Fanny Durack, ebenfalls Australierin, die Silbermedaille.

Außer sich am Strand zu tummeln, kann man in Coogee auch gut etwas essen und trinken. Der ruhige Ort hat mehr Backpackerunterkünfte als z. B. Bondi Beach und auch mehr gemütliche Cafés.

- Busse 313, 314 vom Sydney-Trains-Bahnhof Bondi Junction, Bus 370 ab Glebe Point Rd (Glebe), Bus 372 ab Central Station (Eddy Av), Bus 373 ab Circular Quay (Alfred St) über Hyde Park (Elizabeth St), Oxford St (Darlinghurst) und durch diverse Vororte nach Coogee

S33 [IV] **McIvers (Women's) Baths,** am Südende von Coogee Beach weiter Richtung Süden, Eintritt: 20 Cent, geöffnet tgl. von Sonnenauf- bis -untergang (Di. während Reinigung teilweise nicht zugänglich), Rettungsschwimmer 12–17 Uhr anwesend. Nur für Frauen und Kinder.

S34 [IV] **Wylie's Baths,** am Südende von Coogee Beach weiter Richtung Süden, fast bei Neptune St, Eintritt: 5 $, geöffnet: Apr.–Okt. 7–17, Nov.–Apr. 7–19 Uhr, Massagen 58–200 $ (Ende Okt.–Apr., www.massagebythesea.com.au), Yoga/Pilates Session 18 $ + 3 $ Eintritt oder regulärer Eintrittspreis, wenn man auch schwimmen geht (www.wylies.com.au)

Manly

Eine halbe Stunde Wind im Haar auf dem Außendeck der Fähre mit atemberaubend schöner Aussicht und mit etwas Glück Zusammentreffen mit ein paar Delfinen. Im Surfer- und Badeort Manly an der Nordküste Sydneys herrscht schon bei der Überfahrt Urlaubsstimmung.

Das Stadtzentrum von Manly ist nicht besonders hübsch und wichtige historische Sehenswürdigkeiten gibt es auch nicht. Für Shoppingfans interessant ist aber die ca. 200 m lange **Fußgängerzone The Corso** mit Geschäften, die vor allem auf Surfmode spezialisiert sind. Sie ist auch der schnellste Weg zum wunderbaren **Manly Beach** 57 an der Tasman Sea. Ist man auf der Suche nach einem netten Café, sollte man es in den Nebenstraßen versuchen.

› Manly Ferry ab Circular-Quay-Fährhafen (mit Opal Card 7,18 $, ohne 8,70 $). WLAN am Fähranleger. Manly Fast Ferry ab Circular Quay und Darling Harbour (eigenes Ticket-System, je nach Tageszeit 7,80–8,70 $, mit wiederaufladbarer Smartcard 5,14–6,99 $, WLAN) oder diverse private Fährdienste (s. S. 120). Bus 151 ab QVB (York St, Stand B) in Richtung Mona Vale (1 Std. Fahrtzeit).

KLEINE PAUSE

Frühstück am Strand

32 [II] **The Pantry Manly,** Ocean Promenade, North Steyne, Tel. 99770566, www.thepantrymanly.com, geöffnet: tägl. 7.30–22 Uhr. Im charmanten ehemaligen Badehaus von 1919 direkt am Strand ist nunmehr eine Brasserie untergebracht, die vor allem französische und italienische Leckerbissen auf der Speisekarte hat. Die Frühstückskarte ist hingegen eher modern-englisch angehaucht und in jedem Fall zu empfehlen.

56 Manly Art Gallery & Museum ★ [II]

Kunstinteressierte sollten das Manly Art Gallery & Museum besuchen. Hier gibt es häufig **wechselnde Ausstellungen**, da die Sammlung von australischen Keramiken sowie von zeitgenössischen und frühen australischen Gemälden so groß ist, dass sie nie vollständig gezeigt werden kann.

› **Manly Art Gallery & Museum,** West Esplanade, www.magam.com.au, Eintritt: frei, geöffnet: Di.–So. 10–17 Uhr

57 Manly Beach ★★★ [II]

Eigentlich dreht sich in Manly alles ums Baden und Surfen! 1903 wurde Manly Beach als einer der ersten Strände in NSW offiziell zugelassen. Bis dahin war das Baden im offenen Meer bei Tage verboten.

Die Hauptbeschäftigung in Manly ist wohl das **Surfen.** In Manlys Wellen

Manly Ferry

Die halbstündige Fahrt mit den nostalgischen grün-gelben Fähren von Circular Quay ❽ nach Manly Wharf ist eine wunderbare Art, die Hafenschneise zwischen der City und der Meerenge zur Tasman Sea zu erkunden. (Es gibt auch die modernen Manly-Fast Ferry-Katamarane von Eco Hopper s. S. 121). Fast alle Touristen begeben sich auf das Außendeck, um nach der Abfahrt Fotos vom ***Sydney Opera House*** *⓫ und der* ***Sydney Harbour Bridge*** *❼ zu schießen. Es gibt jedoch auf der Fahrt noch mehr zu entdecken.*

Fast am Sydney Opera House vorbei, erblickt man auf der Landzunge gegenüber das neogotische ***Kirribilli House*** *von 1855. Es ist seit 1957 die Residenz des australischen Premierministers. Die meisten Premierminister nutzen das Haus jedoch nur bei offiziellen Anlässen.*

Auf dem gleichen Grundstück befindet sich das ***Admiralty House,*** *die offizielle Residenz des australischen Generalgouverneurs, das zur Unterbringung von wichtigen Staatsgästen genutzt wird. Die beiden Gebäude sind einmal im Jahr öffentlich zugänglich (November, im Rahmen von „Sydney Open“, s. S. 90).*

Als Nächstes bewegt sich die Fähre an ***Fort Denison*** *vorbei, einer Gefängnisinsel aus den Zeiten der Strafgefangenenkolonie. Das Fort mit seinem Martello-Turm wurde im Jahr 1857 gebaut. Seit 1906 wird jeden Tag um 13 Uhr ein Kanonenschuss abgegeben, nach dem die Matrosen und andere Sydneysider ihre Uhr korrekt stellen können.*

Die Fähre umrundet auch Bradley's Head, wo der empfehlenswerte ***Taronga Zoo*** *(s. S. 28) liegt. Mit ein wenig Glück sieht man auf der Fahrt Delfine in freier Wildbahn vorbeischwimmen. Im australischen Winter verirrt sich auch schon mal ein Wal in den Port Jackson, meist muss man sich zur Walbeobachtung jedoch einer Rundfahrt außerhalb der Meeresöffnung anschließen (s. S. 121).*

An einem windigen Tag schaukelt die Fähre ganz schön in den Wellen, denn ab Bradley's Head verlässt man den Windschatten von South Head und muss die ca. 750 m breite ***Meeresöffnung zum Pazifischen Ozean*** *durchfahren, um in die schützende Manly-Bucht hinter North Head zu kommen.*

North Head *ist heute ein Naturschutzgebiet, in dem man ein Stück stadtnahe Wildnis vorfindet und wo man Eidechsen und Nasenbeutler in ihrem tradtionellen Lebensraum antreffen kann.*

In der vom Ozean abgewandten Bucht von ***Manly Cove,*** *wo man mit der Fähre ankommt, ist ein Stück Strand mit Hai-Netzen abgeschirmt, damit man beruhigt schwimmen gehen kann.*

surfen gelernt hat auch Layne Beachley, die siebenfache Weltmeisterin im Surfen. Egal ob zum Bodyboarden, Longboarden, Stand up Paddling oder Windsurfen – alle lieben Manlys Brandung und Wind.

Die lange, sichelförmige Bucht an der Tasman Sea ist mit einem **wundervollen Sandstrand** gesegnet. Geht man über The Corso von Manly Wharf zum Manly Beach, trifft man genau zwischen North und South Steyne auf

108sy Abb.: fo©Aleksandar Todorovic

den Strand. Wer Lust auf einen ausgiebigen Spaziergang am Strand oder auf der Strandpromenade hat, sollte entlang der North Steyne in Richtung Norden zum Queenscliff Beach aufbrechen.

Der **Queenscliff Beach** ist unter Surfern für seine heftigen, schon auf dem Meer brechenden Wellen bekannt, „Bomboras" genannt. Entsprechend viele Surfer sitzen hier auf ihren Brettern und arbeiten an ihrer Technik. Ein besonderes Schauspiel, das man sich nicht entgehen lassen sollte.

Im Sommer veranstalten örtliche **Rettungsschwimmerklubs** Wettbewerbe. Man muss die Rettungsschwimmer einfach bewundern, die hier in der relativ gefährlichen Brandung trainieren, um sich alltäglich der Rettung von Menschen in Seenot widmen zu können. An der South Steyne sind sie bei geeignetem Wetter ganzjährig im Einsatz, während die Rettungsschwimmer an den Strandabschnitten North Steyne und Queenscliff nur von Oktober bis April patroullieren.

Trainiert wird insbesondere in den Wintermonaten im **Meeresfreibad**, in dem man geschützt vor Brandung und Haien seine Runden schwimmen kann. Am ersten Sonntag im Februar sollte man dem spektakulären **Sun Run & Cole Classic** zuschauen.

Vielleicht weniger spektakulär, aber dennoch aufregend, ist der seit 1908 alljährlich stattfindende **Carnival** am Wochenende vor oder nach dem Australia Day (25. Januar), der von Rettungsschwimmerklubs in Manly für verschiedene Altersgruppen veranstaltet wird.

Folgt man der Strandpromenade ab The Corso Richtung Süden, passiert man den **Fairy Bower Pool**, ein Meeresfreibad in der Form eines Dreiecks. Am Rand dieses Freibades stehen zwei formschöne **weibliche Plastiken** von Helen Leete. Dahinter liegt der **Badestrand Shelly Beach** – ideal für alle, die hohe Wellen lieber meiden.

Die Manly-Fähren legen in der vom Meer abgewandten Manly Cove an

SYDNEY ERLEBEN

001sy Abb.: eg

109sy Abb.: dt©Boggy

Sydney für Kunst- und Museumsfreunde

Museen allgemein

Sydney bietet eine Vielzahl an empfehlenswerten Museen, die dem Besucher einen tieferen Einblick in die australische Geschichte vermitteln. Geschlossen bleiben alle Museen am 25. Dezember und vielfach auch am Karfreitag.

- 23 [F5] **Australian Museum.** Hervorragendes Museum, das interessante Informationen über die australische Fauna, Flora und Geologie sowie die Geschichte der Aborigines vermittelt (s. S. 36).

Das Museum of Contemporary Art 2 mit dem modernen Mordant Wing beherbergt eine der besten Sammlungen australischer Kunst

Vorseite: Pause an der Blackwattle Bay [B4] mit Blick auf die ANZAC Bridge und Sydneys Wolkenkratzer

- 37 [D4] **Australian National Maritime Museum.** Das Schifffahrtsmuseum bietet Einblicke in die Entdeckungsgeschichte Australiens und die Expeditionen zur Antarktis (s. S. 43).
- M35 [C7] **Chau Chak Wing Museum,** Parramatta Road Ecke University Avenue. Fertigstellung ist für Ende 2018 geplant. Ersetzt das Ende 2016 geschlossene Macleay Museum, die ebenfalls Ende 2016 geschlossene University Art Gallery und das bis zur Fertigstellung weiterhin geöffnete Nicholson Museum (s. S. 52).
- 26 [F4] **Hyde Park Barracks.** Hier erfährt man, wie man sich die Tage als Strafgefangener in der britischen Kolonie vorstellen muss (s. S. 38).
- 10 [F2] **Justice & Police Museum.** Im Museum werden Informationen zur Rechtsprechung in den Zeiten der Strafgefangenenkolonie und Einblicke in das Leben der berühmten australischen *bushranger* (Buschräuber) vermittelt (s. S. 26).
- M36 [F3] **Museum of Australian Currency Notes,** Reserve Bank of Austra-

lia, 65 Martin Pl, www.museum.rba.gov.au, geöffnet: Mo.–Fr. 10–16 Uhr, Eintritt: frei. Museum zur farbenfrohen Geschichte der australischen Banknoten, die zugleich Meilensteine in der australischen Geschichte widerspiegeln.

37 [F3] **Museum of Sydney,** Phillip St/Bridge St, www.sydneylivingmuseums.com.au, geöffnet: tägl. 10–17 Uhr, Eintritt: 12 $. Das Museumsgebäude steht auf den Fundamenten des ersten Regierungsgebäudes von Australien, das 1788 von Gouverneur Arthur Phillip errichtet wurde und von dem aus die ersten neun Gouverneure die Angelegenheiten der Kolonie regelten. Im Museum werden Ausstellungsstücke zur Siedlungsgeschichte Sydneys und der Kultur der Eora-Aborigines gezeigt. WLAN.

32 [D5] **Powerhouse Museum.** Das größte Museum der Stadt stellt die Geschichte technischer Errungenschaften (der Welt und insbesondere Australiens) vor und ist besonders für Besucher mit (Schul-)Kindern interessant (s. S. 41).

38 [E2] **Susannah Place,** 58–64 Gloucester St, www.sydneylivingmuseums.com.au, geöffnet: tägl. 14–17 Uhr (nur zugänglich im Rahmen einer Führung: 14, 15 oder 16 Uhr), Führung: 12 $. Shop kostenlos zugänglich. Das dreistöckige Haus veranschaulicht die frühe Bauweise in der Kolonie und beherbergt einen kleinen Kolonialwarenladen aus den 1920er-Jahren, in dem es Waren der Zeit zu kaufen gibt.

3 [E2] **Sydney Observatory.** Ehemalige Sternwarte mit Teleskop und Blick in den australischen Sternenhimmel. Hier erhält man Informationen zur Milchstraße, dem Kreuz des Südens und zur Astronomiegeschichte (s. S. 19).

39 [E2] **The Rocks Discovery Museum,** 2–8 Kendall Ln, geöffnet: tägl. 10–17 Uhr, Eintritt: kostenlos. Museum über die Geschichte der Aborigines und des Viertels The Rocks vor und nach der Gründung der Strafgefangenenkolonie.

EXTRATIPP

Naturerlebnis Sydney

Um die australische Flora und Fauna zu entdecken, muss man gar nicht unbedingt in den Botanischen Garten oder den Zoo. Überall in der Stadt kann man einmaligen Tieren und Pflanzen begegnen, die man nicht unbedingt kennt, weil es sie nur hier gibt.

Wer die App **Sydney Wildlife** installiert, kann viele Infos zu Pflanzen und Tieren in Sydney nachschlagen (kostenlos für Android und iOS).

Noch tiefer in die Tierwelt von NSW taucht die App **„Field Guide to NSW Fauna“** des Australian Museum 23 ein (kostenlos für iOS und Android).

019sy Abb.: eg

Historische Schiffe beim Australian National Maritime Museum 37

Kunstmuseen und -galerien

In einer Stadt wie Sydney gibt es unzählige **Kunstgalerien,** von denen viele auf australische Kunst spezialisiert sind. Kunstinteressierte sollten sich in **Paddington** (Oxford St 44, Glenmore Rd [H6], Hargrave St [I6], Goodhope St [I6], u. a. Sherman Contemporary Art Foundation), **Woollahra** (Queen St, Moncur St, Jersey Rd, u. a. Olsen Irwin Galleries), **East Sydney** (Cathedral St) und **Surry Hills** (Devonshire St, Albion St, Crown St) umsehen, wo eine Vielzahl an renommierten Galerien ansässig ist. Seit 2009 findet man in der White Rabbit Gallery in Chippendale auch eine der wichtigsten Kunstsammlungen für moderne chinesische Kunst.

27 [G3] **Art Gallery of NSW und Yiribana Gallery.** Sehenswerte Sammlungen australischer Kunst, Kunst und Kultur der Aborigines und Torres Strait Islanders, die man in Europa nicht zu sehen bekommt, sowie europäischer und asiatischer Kunst (s. S. 38).

46 [H7] **Australian Centre for Photography.** Ausstellungen von zeitgenössischen australischen Fotografen (s. S. 53).

40 [G5] **Australian Design Centre,** 101–115 William St, Darlinghurst, www.australiandesigncentre.com, geöffnet: Di.–Sa. 11–16 Uhr, Eintritt: frei. Ausstellung und Verkauf von Kunsthandwerk und Designobjekten von inspirierenden australischen Künstlern und Designern.

41 [F7] **Brett Whiteley Studio,** 2 Raper St, Surry Hills, www.artgallery.nsw.gov.au/brett-whiteley-studio, geöffnet: Fr.–So. 10–16 Uhr, Eintritt: frei. Atelier und Wohnhaus des 1992 verstorbenen gleichnamigen Sydneysider Künstlers mit wechselnden Ausstellungen seiner Skulpturen und Malereien.

42 [E2] **Craft NSW,** 104 George St, The Rocks, www.artsandcraftsnsw.com.au, geöffnet: tägl. 9.30–17.30 Uhr (im Winter nur bis 17 Uhr). Hervorragende kunsthandwerkliche Arbeiten der Mitglieder der Society of Arts and Crafts of NSW werden hier ausgestellt und verkauft.

56 [II] **Manly Art Gallery & Museum.** Gute Sammlung von australischen Keramiken und zeitgenössischer sowie früher australischer Malerei (s. S. 62).

2 [E2] **Museum of Contemporary Art (MCA).** Hervorragende Sammlung moderner australischer Kunst und umfassende Sammlung von Aborigine-Kunst (s. S. 18).

43 [E2] **National Trust S.H. Ervin Gallery,** Observatory Hill, The Rocks, www.shervingallery.com.au, geöffnet: Di.–So. 11–17 Uhr (Weihnachts- und Neujahrswoche geschl.), Eintritt: 10 $. Wechselausstellungen zu australischen Themen aus der Sammlung des National Trust.

44 [G4] **Soho Art Gallery,** Cathedral St/Ecke Crown St, www.sohogalleries.net, geöffnet: Di.–So. 12–18 Uhr. Eine *der* Adressen für Ausstellungen von zeitgenössischen australischen Künstlern.

45 [G5] **TAP Art Gallery,** 259 Riley St, Surry Hills, www.tapgallery.org.au, geöffnet: tägl. 12–18 Uhr. Hat sich einen Namen als beste Gallerie für moderne australische Kunst unter 5000 $ gemacht.

EXTRATIPP

Kunst unter freiem Himmel

- **Art & About.** Öffentliche Bereiche der Stadt werden das ganze Jahr lang durch diverse, wechselnde Installationen, Performances, Livemusik u. a. bereichert (Infos: www.artandabout.com.au).
- **Sculpture by the Sea.** Der Küstenweg von Bondi 50 nach Tamarama 51 verwandelt sich von Ende Oktober bis Anfang November in eine Skulpturenausstellung (www.sculpturebythesea.com).

Sydney für Genießer

Essen und Trinken

In Sydney ist für jeden Gaumen etwas dabei. Gute Zutaten, ambitionierte Sterneköche und moderne Zubereitungsweisen sind an der Tagesordnung. Insbesondere für Liebhaber der asiatischen Küchenstile ist das Angebot geradezu eine Offenbarung.

Das Gastronomieszene in Sydney ist überaus vielfältig und vereint verschiedene Kochstile zur modernen australischen Cuisine: „**Modern Australian**" nennt sich das. Auf einer typischen Speisekarte dominieren **asiatische Kochstile**, allen voran thai, malaiisch, indisch und chinesisch, zusammen mit italienischer Pizza und Pasta. Darüber hinaus gibt es **so ziemlich jede Landesküche**, da die Einwohner Sydneys aus mehr als 150 Ursprungsländern stammen und diese Einflüsse in das Gastronomieangebot eingebracht haben.

Überall in der Stadt gibt es Cafés, Imbisse, Restaurants, Bars etc. Wo auch immer man gerade Hunger bekommt, findet man garantiert ein passendes Lokal nach seinem Geschmack. In Australien geht man gern auswärts essen und auch bei der Mittagspause legt man viel Wert auf einen passenden Gaumenkitzel. Entsprechend populär sind gehobene Restaurants, es wird auch im privaten Kreis über Zubereitungsstile gefachsimpelt und Stars und Sternchen unter den Köchen werden hoch gehandelt.

Das **Preisniveau** ist i. d. R. höher als in Deutschland, dennoch kann man in Pubs, Cafés und Foodcourts relativ preiswert und gut essen. Die Preise für einzelne Speisen rangieren hier von 8 bis 20 $. In einem normalen Restaurant bezahlt man für ein Hauptgericht ca. 25 bis 35 $, in Spitzenlokalen hingegen ca. 40 bis 65 $. Will man in einem ganz bestimmten Lokal essen, sollte man **vorab telefonisch reservieren.** In den Strandlokalen in Manly oder Bondi Beach, aber auch in der City, findet man am Wochenende oft den Hinweis „**10 %** bzw. **surcharge on weekends**" auf der Speisekarte, d. h. alles ist 10 bzw. 12 % teurer!

Im Gegensatz zu den traditionelleren Pubs sind Bars fast immer durch einen Innenarchitekten auf Hochglanz gestylt – ganz besonders im Stadtzentrum. Entsprechend sind auch die Gäste gestylt. Diese Lokale öffnen i. d. R. ab 17/18 Uhr, bieten nur kleine Häppchen zu essen und bleiben bis spät am Abend geöffnet.

Leitungswasser kann man übrigens in Sydney ganz unbedenklich trinken. Es ist in der Regel geschmacksneutral und hat Trinkwasserqualität.

Bestellgepflogenheiten

In den meisten **Pubs** und in vielen **Cafés** muss man **Essen und Getränke an der Theke bestellen und be-**

⊡ *Fangfrische Leckereien aus dem Meer bekommt man auf dem Sydney Fish Market (s. S. 44)*

013sy Abb.: eg

zahlen. Ein Schild (z. B. „Please order here") macht zuweilen auf die Gepflogenheit aufmerksam. Beim Bestellen bekommt man eine Nummer oder muss seine Tischnummer nennen. Das Bestellte wird dann an den Tisch gebracht oder man wird aufgerufen, wenn das Essen fertig ist. Die Getränke muss man im Pub fast immer gleich selbst mitnehmen.

Lokale, in denen die Tische hübsch gedeckt sind, nehmen die Bestellung am Tisch auf und rechnen erst am Schluss ab. Manchmal gibt es hier ein Schild **„Please wait to be seated"**, man wartet also, bis einem ein Platz zugewiesen wird.

Trinkgeld zu geben, ist in Australien **eher unüblich.** Nur in den besseren Restaurants gibt man ca. 10 %, wenn man mit allem sehr zufrieden war. In manchen gehobenen Lokalen informiert der Hinweis „Please note a 7,5 % discretionary staff gratuity charge will be added to the bill", dass z. B. ein Trinkgeld von 7,5 % automatisch auf die Rechnung aufgeschlagen wird.

Wer im Hotel oder Café **frühstückt,** wird meist Aufschnitt vermissen, denn beim **continental breakfast** gibt es nur Toast, Marmelade und Cerealien. Wer sich nach einer herzhaften Morgenmahlzeit sehnt, sollte nach einem **cooked breakfast** Ausschau halten, dann gibt es Eier und Speck in diversen Varianten.

Foodcourt und Takeaway

Die **Foodcourts** in den Einkaufszentren rund um die Pitt Street Mall, im Central Park und in Barangaroo South sind ideal für ein preiswertes Lunch. Man bezeichnet damit eine Halle, in der verschiedene Anbieter unterschiedliche Gerichte und Getränke verkaufen, die man an den

Gastro- und Nightlife-Areale
Bläulich hervorgehobene Bereiche in den Karten kennzeichnen Gebiete mit einem dichten Angebot an Restaurants, Bars, Klubs, Discos etc.

gemeinschaftlichen Sitzgelegenheiten in der Mitte der Halle essen kann. Sie sind den üblichen Fastfoodketten meist vorzuziehen (apropos: Burger King firmiert in Australien als Hungry Jack's). Im **Angebot** der Foodcourts sind häufig Sandwiches, herzhaft gefüllte Küchlein und Teigtaschen, Salate, Pizza und Pasta, chinesisches oder thailändisches Essen, Sushi, mexikanische oder malaiische Gerichte, Falafel und Gyros, eine Saftbar, Eis, Kaffee und Kuchen ... Die Öffnungszeiten richten sich nach denen des jeweiligen Einkaufszentrums.

Ebenfalls günstig sind **Takeaway-Cafés,** in denen es vor allem Sandwiches und Salate zum Mitnehmen gibt. Diese Cafés haben meist nur werktags geöffnet.

Sucht man eine ganz bestimmte Kochrichtung bzw. ein bestimmtes Lokal, kann man die App **Zomato** installieren, wo man Bewertungen zu so ziemlich jedem Lokal in Sydney findet (kostenlos für Android und iOS).

Empfehlenswerte Lokale

Restaurants

46 [E5] **@Bangkok** $, 730–742 George St, Chinatown, Tel. 92115232, geöffnet: Mo.–Do. 11.30–2, Fr./Sa. 11.30–4, So. 11.30–3 Uhr. Thai-Restaurant im Café-Stil. Besonders beliebt bei Studenten, die gern preiswert und gut essen.

47 [G5] **Almond Bar** $$–$$$, 379 Liverpool St, Darlinghurst, Tel. 93805318, geöffnet: Di.–Sa. 17.30–22, So. 17.30–

21.30 Uhr (1. So. des Monats auch 8.30–12.30 Uhr). Traditionelle syrische Leckerbissen mit einem modernen Touch, darunter auch eine Vielfalt an Mandelleckereien, interessante Bar und gute Cocktailkarte.

48 [E2] **Altitude** $$$$, 36. Stock des Hotels Shangri-La, 176 Cumberland St, The Rocks, Tel. 92506123, geöffnet: Mo.–Sa. 18–22 Uhr. Fantastische Aussicht auf den Hafen. Hier munden in klassischer Atmosphäre punktgenau zubereitete Gerichte wie Schwertfisch mit Kaviar oder ein T-Bone Steak.

49 [G5] **A Tavola** $$$$, 348 Victoria St, Darlinghurst, Tel. 93317871, geöffnet: Mo.–Sa. 12–23. Authentischer Italiener mit variationsreichen Antipasti, frischer Pasta und frischen Gnocchi. Als nächster Gang bieten sich Fisch oder Schweinebauch an, gefolgt von himmlischen Desserts. Ein zweites Restaurant gibt es in Bondi Beach: The Hub, 75–79 Hall Street, Tel. 91301246, geöffnet: Mi.–So. 12–15, Mo.–So. 17.30–23 Uhr.

50 [H4] **Billy Kwong** $$-$$$, 28 Macleay St, Potts Point, Tel. 93323300, Mo.–Do. 17.30–22, Fr./Sa. 17.30–23, So. 12–21 Uhr. Ein kleines, modernes chinesisches Restaurant der bekannten australischen TV-Köchin Kylie Kwong in der hippen Gegend Potts Point.

51 [E5] **Chef's Gallery** $$-$$$, Shop 12, 501 George St (Eingang von Bathurst St), Tel. 92678877, geöffnet: Mo.–Mi. 11.30–15 u. 17.30–22, Do./Fr. 11.30–15 u. 17.30–22.30, Sa. 11.30–22.30, So. 11.30–22 Uhr. Modernes chinesisches Restaurant mit mehr als 50 Gerichten, darunter handgemachtes Eiertofu und andere vegetarische Gerichte.

52 [H4] **Cho Cho San** $$-$$$, 73 Macleay St, Potts Point, Tel. 93316601, geöffnet: tgl. 17.30–23, Sa./So. schon ab 12 Uhr. Eine gute Auswahl an Sashimi, japanische Grillgerichte und Reisgerichte an einer langen Bar mit Barhockern.

EXTRAINFOS

Smoker's Guide

Das Rauchen ist in Australien seit 2007 **in allen geschlossenen Räumen** wie Einkaufszentren, Restaurants, Cafés und Pubs **verboten.** Die einzige **Ausnahme** sind Biergärten, Balkone oder Terrassen: Dort darf je nach Lokal geraucht werden, entsprechende Schilder machen darauf aufmerksam. Das **Hinterlassen von Zigarettenstummeln,** z. B. auf dem Bürgersteig, wird mit einem **Bußgeld** von 80 $ bestraft, das einer brennenden Zigarette mit 200 $.

Alkohol und Minderjährige

Der Verkauf von **Alkohol** an Minderjährige (unter 18 Jahren) ist strafbar. In allen Etablissements mit Alkoholausschank sollte man sich daher hüten, für Minderjährige alkoholische Getränke zu bestellen. Darüber hinaus gilt ein **Mindestalter von 18 Jahren** für den abendlichen **Einlass in Bars, Diskotheken und Klubs, die alle eine Alkoholausschanklizenz haben.** Man sollte daher einen Ausweis bei sich führen, denn man wird im Zweifel gebeten, sein Alter nachzuweisen.

Wichtig beim Bestellen

Short Black –	Espresso
Flat White –	Espresso und warme Milch (kein Milchschaum)
Latte –	bei uns als Latte Macchiato bekannt
Long Black –	normale große Tasse Kaffee

53 [IV] **Coogee Rooftop** $$, 169 Dolphin St, Coogee, Tel. 92403000, geöffnet: tgl. 12–24 Uhr. Von der Dachterrasse hat man einen wundervollen Blick

auf das Meer und Coogee Bay. Simple, mediterrane Leckerbissen zum Cocktail, Bier oder Wein sind da genau das Richtige zum Chillen. Im Erdgeschoss kann man im Coogee Pavillion $$-$$$ entweder Pizza essen oder seinen Gaumen à la carte verwöhnen lassen.

54 [III] **Gelbison** $-$$, 10 Lamrock Ave, Bondi Beach, Tel. 91304042, geöffnet: tägl. 17–23 Uhr. Der alteingesessene Italiener hat mehr als 30 Pizzas mit dünnem, knusperigem Boden und 20 Pastagerichte zur Auswahl.

55 [E5] **Golden Century Seafood Restaurant** $$-$$$, 393–399 Sussex St, Chinatown, Tel. 92123901, geöffnet: tägl. 12–24 Uhr Uhr. Eines der besten kantonesischen Restaurants der Stadt, das auf Fisch und Meeresfrüchte spezialisiert ist. Isst man mindestens zu dritt, sollte man je ein Gericht pro Person plus ein Gericht extra zum gemeinsamen Verkosten bestellen.

56 [D4] **Hurricane's Grill** $$-$$$, 2. Stock Harbourside, Darling Harbour, Tel. 92112210, geöffnet Mo.–Fr. 12–15, 17–23, Sa./So. 12–23 Uhr. Den Blick auf Darling Harbour bei einem perfekten Steak genießen: Kein Wunder, dass man hier schon mal auf seinen Tisch warten muss.

57 [E5] **Khao San** $$, 413 Pitt St, Chinatown, Tel. 92111194, geöffnet: So.–Mi. 11–23, Do.–Sa. 11–3 Uhr. Gemütliches kleines Thai-Restaurant, dessen Aufmachung an typische Lokale in Thailand erinnert – das Motortaxi am Eingang sorgt für die nötige Nostalgie.

58 [E4] **La Rosa** $$-$$$, 2. Stock, The Strand Arcade, Pitt Street Mall, Tel. 92231674, geöffnet: Mo.–Sa. 12–23 Uhr. Gemütlich-schummerige Beleuchtung in einer vorwiegend in schwarz gestylten, italienischen Weinbar. Exquisite Steinofenpizzas und 50 verschiedene italienische Liköre zur Auswahl. Gerichte auch zum Mitnehmen.

59 [F5] **Longrain** $$$$, 85 Commonwealth St, Surry Hills, Tel. 92802888, geöffnet: Fr. 12–14.30, Mo.–Fr. 18–23, Sa./So. 17.30–23 Uhr. Typisch australisch und gepaart mit moderner Thai-Cuisine. Angesagt vor allem bei den 30- und 40-Plussern und definitv einen Umweg wert. Hier speist man mit anderen Restaurantbesuchern an einem Tisch.

60 [E5] **Mamak** $$, 15 Goulburn St, Chinatown, Tel. 92111668, geöffnet: Mo.–Fr. 11.30–14.30 und 17.30–22, Sa./So. durchgehend 11.30–22 Uhr, Fr./Sa. bis 2 Uhr. Hervorragende malaiische Küche. Dem Koch bei der Zubereitung zuzuschauen, während man noch draußen auf dem Bordstein Schlange steht, ist fabelhaft.

61 [II] **Manly Fish Cafe** $$-$$$, 25 South Steyne Rd, Manly, Tel. 99773030, geöffnet: So.–Do. 11–21.30, Fr./Sa. 11–22 Uhr. So nah am Meer ist der Fisch immer frisch. Hier kann man sich durch die Palette der Fische und Meeresfrüchte aus den lokalen Gewässern probieren.

62 [III] **Moo Gourmet Burgers** $, 70A Campbell Pde, Bondi Beach, Tel. 93008898, weitere Filiale: 242 Coogee Bay Rd, Coogee, Tel. 96644300, geöffnet: tägl. 11–22 Uhr. Fantasiereiche Burgervariationen mit leckeren, handgeschnittenen Pommes und himmlischen Eiskreationen zum Dessert.

63 [E2] **Munich Brauhaus** $$$, Playfair St Ecke Argyle St, Tel. 92477785, geöffnet: Mo.–Fr. 10–23, Sa./So. 9–23 Uhr.

Preiskategorien

Durchschnittlicher Preis für ein Hauptgericht ohne Getränk.

$	bis 18 $ (bis 13 €)
$$	18–25$ (13–18 €)
$$$	25–35 $ (18–25 €)
$$$$	über 35 $ (über 25 €)

Äußerst beliebt bei heimwehkranken Deutschen und anderen Liebhabern bayerischer Standards.

64 [F2] **Quay** $$$$, Overseas Passenger Terminal, The Rocks, Tel. 92515600, geöffnet: Fr.-So. 12-13.30, tägl. 18-21.30 Uhr. Kreativ-elegante Menüs, die man zusammen mit einer hervorragenden Flasche australischem Wein verkosten sollte. Das Restaurant rangiert seit Jahren unter den 100 weltbesten Restaurants.

65 [E2] **Saké** $$-$$$$, 12 Argyle St, The Rocks, Tel. 92595656, geöffnet: Mo.-So. 12-15, Mo.-Do. 17.30-22.30, Fr./Sa. 17.30-23.30, So. 17-22 Uhr. Sushi, Sashimi, raffinierte Kreationen mit Fisch und Meeresfrüchten und Wagyu-Steak für den Fleischliebhaber.

66 [F6] **Spice I Am** $-$$, 90 Wentworth Ave, Surry Hills, Tel. 92800928, geöffnet: Di.-So. 11.30-15.30, 17.30-22 Uhr. Authentische Thai-Gerichte, für die man einen Tisch reservieren sollte, denn das Restaurant ist so gut, dass es immer voll ist. Eine weitere Niederlassung gibt es u. a. in Darlinghurst: 296-300 Victoria Street.

67 [F3] **The Governor's Table** $$$, Phillip St/Ecke Bridge St, Tel. 92411788, geöffnet: Mo. 12-15, Di.-Fr. 12-23, Sa. 8.30-23, So. 9-14.30 Uhr. Linguine, Schnapper, Schwertfisch, Lamm, Risotto, Brunch oder einen Drink in der Bar. Hier gibt es einfach alles.

68 [H3] **Yellow** $$-$$$, 57 Macleay St, Potts Point, Tel. 93322344, geöffnet: tägl. 17.30-22 Uhr, Sa./So. 8-15 Uhr. Populär für Frühstück oder Brunch am Wochenende, am Abend eine kleine, feine Karte, darunter interessante vegetarische Kreationen.

Das Three Wise Monkeys (s. S. 80) am Rand von Chinatown ist eine Institution bei sportbegeisterten Einheimischen

110sy Abb.: dt©Pornphen Rujikiatkajorn

EXTRAINFO

Hotels/Pubhotels

Das Wort *hotel* hat **im australischen Englisch mehrere Bedeutungen.** Früher verstand man darunter aber vor allem ein Etablissement, in dem Männer in der *public bar* im Erdgeschoss etwas trinken gingen, während Frauen und Kinder nur der Zutritt in die *ladies lounge* gestattet war. In den oberen Etagen wurden Gästezimmer mit Gemeinschaftsbadezimmern nach Geschlechtern getrennt vermietet.

Auch heute trifft man noch auf viele alte **Eckkneipen,** in deren Namen *hotel* vorkommt, obwohl sie längst nicht mehr alle Gästezimmer anbieten. Heute sind die meisten von ihnen einfach nur Pubs oder Restaurants und betreiben darüber hinaus oft einen sogenannten *bottleshop,* d. h. ein Geschäft zum Verkauf von Wein, Spirituosen und gelegentlich auch Bier.

Pubs

In Sydney wimmelt es von klassischen Pubs, in denen ebenfalls Mahlzeiten serviert werden. Die nachfolgenden Lokale sind zu den angegebenen Zeiten zum Essen gehen sehr zu empfehlen. Getränke werden natürlich durchgehend serviert, auch nachdem die Köche ihre Schürzen für den Tag an den Nagel gehängt haben.

69 [E5] **Civic Hotel** $\$\$$-$\$\$\$$, 388 Pitt St, geöffnet: tägl. 12–22 Uhr. Denkmalgeschützte Art-déco-Kneipe aus den 1930er-Jahren, auf einer Etage wählt man aus der modern-griechischen Speisekarte, auf einer anderen Etage wird thailändische Küche serviert, alles im gleichen Haus, Tel. 80807043. Im Kellergeschoss gibt es auch einen Nachtklub: das Civic Underground (s. S. 80).

› **Coogee Bay Hotel (Brasserie)** $\$\$$-$\$\$\$$, Coogee Bay Hotel (s. S. 124), geöffnet: Mo.–Fr. 6.30–10.30 u. 11–22, Sa./So. 6.30–11.30 u. 12–23 Uhr. Eine der besten Adressen in Coogee. Sehr gute Kneipenmahlzeiten im Biergarten mit Blick auf den Strand.

70 [E4] **Dot's Rooftop** $\$$-$\$\$$, im Hotel Sweeney's, 236 Clarence St/Ecke Druitt St, City, geöffnet: Mo.–Fr. 9–3, So. 10–24 Uhr. Einmal die Treppen zur Dachterrasse hinaufgeklettert, kann man es im Anblick der Skyline gut bei einigen Drinks aushalten. Im thailändischen Lola's Bistro $\$$ im 2. Stock kann man preiswert essen.

71 [E1] **Harbour View Hotel** $\$\$$-$\$\$\$$, 18 Lower Fort St, The Rocks, geöffnet: Mo.–Fr. 11–24, So. 11–22 Uhr. Die Gerichte am Kneipentresen sind gut und preiswert. Die Lage mit Blick auf die Unterseite der Sydney Harbour Bridge ist einmalig anders.

72 [E1] **Hero of Waterloo** $\$\$$-$\$\$\$$, 81 Lower Fort St, Restaurant geöffnet: Di.–Do./So. 11–15, 17–21, Fr./Sa. bis 22 Uhr. Echtes Pub-Urgestein mit irischem Einschlag, in dem täglich Livejazz, -folk oder irische Musik geboten wird (allgemein geöffnet: Mo.–Mi. 10–23.30, Do.–Sa. 10–24, So. 10–22 Uhr).

73 [E2] **Lord Nelson Brewery Hotel** $\$\$\$$, 19 Kent St, Restaurant geöffnet: Do./Fr. 12–15, Di.–Sa. 18–22 Uhr (Bar Mo.–Sa. 11–23, So. 12–22 Uhr). Einer der ältesten Pubs Australiens, nach wie vor werden sechs Biere selbst gebraut.

74 [I7] **Paddington Inn** $\$\$$, 338 Oxford St, Paddington, geöffnet: Fr.–So. 12–15.30, tgl. 17.30–22 Uhr. Die Klientel und die Musik sind jung und hipp und das Essen ist gut: Rib-Eye-Steak oder gegrillter Lachs und andere gekonnte Standards. Kleine Gerichte in der Bar, tgl. 12–23 Uhr.

75 [E2] **The Glenmore Rooftop Hotel** $\$$-$\$\$$, 96 Cumberland St, The Rocks, geöffnet: Mo.-Do. 11-24, Fr./Sa. 11-1, So. 11-24 Uhr. Auf dem Bürgersteig, auf der Dachterrasse mit Blick auf die Sydney Harbour Bridge oder drinnen: eine tolle Location. In diesem traditionellen Pub von 1921 überzeugt die Speisekarte mit guten, einfachen Gerichten.

76 [G6] **The Local Taphouse** $-$$, 122 Flinders St, Darlinghurst, Küche: Mo.-Do. 17-21, Fr.-So. 12-21.30 Uhr. Tolle Dachterrasse, die vor allem wegen ihrer über 40 Biersorten von Kleinbrauereien besucht wird.

77 [II] **The Steyne Hotel** $$-$$$, 75 The Corso, Manly, Seaside Bistro geöffnet: Mo.-Do. 11-21, Fr.-So. 12-22 Uhr. Rope & Anchor Café geöffnet: tgl. 6.30-15 Uhr. Mit Blick auf den Strand und daher immer gut besucht, bei Tage auch von Familien. Die Gerichte sind einfach, schnell und preiswert, aber einfach gut.

78 [B5] **Toxteth Hotel** $$-$$$, 345 Glebe Point Rd, Glebe, geöffnet: Bar Mo.-Sa. 10-1, So. 11-22 Uhr; Küche Mo.-Fr. 12-15, 17-22, Fr. kleine Snacks 15-17, Sa. 12-22, So. 12-21 Uhr. Seit über 150 Jahren gehen die Einheimischen hier ein und aus. Das Rezept herzhafte Küche gepaart mit guter Bier- und Weinauswahl gefällt einfach.

Cafés und Imbisse

In einer Stadt wie Sydney ist immer ein Café oder ein Imbiss in der Nähe. Ein Café ist übrigens keinesfalls ein Ort, wo es nur Kaffee und Kuchen gibt, man bekommt dort auch Frühstück, Sandwiches und Mittagsgerichte.

Die meisten Restaurants und Pubs haben eine Alkoholausschanklizenz, Cafés aber seltener. Hier ist deshalb oft **„BYO (Bring your own)"** möglich, d.h., man bringt eine Flasche Wein mit, die Bedienung öffnet sie und stellt Gläser zur Verfügung. Dafür fällt meist eine *corkage fee* von bis zu 8 $ pro Flasche oder 2,50 $ pro Person an.

79 [F5] **Alpha Restaurant** $-$$$, 238 Castlereagh St, geöffnet: Mo.-Fr. 7.30-10.30, tgl. 12-15, Mo.-Sa. 18-22, So. 17-21 Uhr. Gutes Frühstück: Griechischer Joghurt mit Honig und Walnüssen oder pochierte Eier mit gebackenen Bohnen und Feta.

80 [C6] **Badde Manors Cafe** $, 37 Glebe Point Rd, Glebe, geöffnet: So.-Do. 7-24, Fr./Sa. bis 1 Uhr. Vegetarisch, vegan, glutenfrei, nussfrei, was auch immer für besondere dietäre Wünsche man hat, hier bereitet man schmackhafte Gerichte zu.

81 [H5] **Bills (1)** $-$$, 433 Liverpool St, geöffnet: Mo.-Sa. 7.30-15, So. 8-15 Uhr. Eine Starkoch-Adresse für das Frühstück. Nach einem *Full Aussie Breakfast* mit Bio-Rührei, getoastetem Sauerteigbrot, Speck, Tomate, Champignons und Fenchelsoße hat man Energie für den Rest des Tages.

82 [III] **Bills (2)** $$$, 79 Hall St, Bondi Beach, geöffnet: Mo.-So. 7-22 Uhr. Im Gegensatz zu den beiden anderen Filialen in Darlinghurst und Surry Hills (359 Crown St) bekommt man hier außer einem wundervollen Frühstück und Mittag- auch ein Abendessen.

83 [E4] **Bonjour Café** $, Alliance Française, 257 Clarence St, geöffnet: Mo.-Fr. 7.30-18.45, Sa. 8-13.45 Uhr. Sehnsucht nach einem richtigen Croissant, Pain-au-chocolat, Brioche, Croque Monsieur oder einem belegten Baguette wie in Frankreich? Hier kann man sie stillen und dabei ganz nebenbei die formvollendete Architektur des von Harry Seidler entworfenen Gebäudes begutachten.

84 [D3] **Devon** $$, 200 Barangaroo Av, geöffnet: Mo.-Fr. 6.30-16.30, Sa./So. 9-16.30 Uhr. Leckere Frühstücksangebote und Mittagessen mit japanischem Touch.

85 [E2] **Fine Food Store** $, The Rocks Centre (Ecke Kendall Ln und Mill Ln),

0016sy Abb.: eg

The Rocks, geöffnet: Mo.–Sa. 7–16, So. 7.30–16 Uhr. Delikatessengeschäft mit Café, in dem man die Leckereien von verschiedenen Anbietern aus Sydney verköstigen kann. Lecker und immer gut besucht.

86 [III] **Gertrude & Alice Cafe Bookstore** \$, 46 Hall St, Bondi Beach, geöffnet: tägl. 6.45–20.45 Uhr, WLAN. In diesem charmanten Café genießt man sein Frühstück oder eine andere Mahlzeit inmitten vollgestopfter Regale mit Secondhandbüchern, die zum Verkauf angeboten werden.

› **Icebergs Terrace** \$-\$\$\$, Bondi Icebergs (s. S. 58), geöffnet: tgl. 12–20 Uhr (wenn das Wetter es erlaubt), angrenzendes Restaurant bzw. Bar, Mo.–Sa. 12–24, So. 12–22 Uhr. Die Location ist einfach alles. Von hier aus hat man den besten Blick auf die Bucht von Bondi Beach und den Pool der Bondi Icebergs. Guter Kaffee, leckere Smoothies, gesundes Frühstück und einfache belegte Paninis auf der Terrasse. Gehobene italienische Küche im Dining Room.

87 [E4] **Mecca** \$-\$\$, 67 King St, geöffnet: Mo.–Fr. 6–16.30 Uhr. Hier dreht sich alles um den Kaffee, aber zum Frühstück und Lunch findet man auch etwas.

88 [E5] **Misschu** \$, 501 George St, geöffnet: tägl. 11–21 Uhr. Vietnamesische Leckerbissen in Reispapier, davon viele vegetarisch. Auch in Bondi Beach (178 Campbell Pde) und Darlinghurst (185 Bourke St).

89 [F2] **Opera Kitchen** \$\$-\$\$\$, Lower Concourse, Sydney Opera House, Circular Quay, geöffnet: tägl. 7.30 bis ca. 23 Uhr. Der Hafenblick ist einmalig, die Auswahl von Burgern über Sushi bis zu anderen asiatischen Spezialitäten ist lecker.

90 [G5] **Playa Takeria** \$, 132 Darlinghurst Rd, Darlinghurst, geöffnet: Di.–Do. 18–22, Fr. 18–23, Sa. 12–23, So. 12–22 Uhr. Tacos und andere Texmex-Gerichte, davon viele vegetarisch.

91 [G2] **Poolside Café** \$, Andrew (Boy) Charlton Pool, 1C Mrs Macquaries Rd, The Domain, tägl. 7.30–16 Uhr (kürzere Öffnungszeiten Mai/Aug., Juni/Juli geschl.). Am Rande des Botanischen Gartens gelegen, mit Blick auf die Schwimmer im beliebten Freibad und auf die Marinebasis – einer der besten Orte für ein entspanntes Frühstück oder einen Lunch.

92 [C6] **Sappho Books, Cafe & Bar** \$, 51 Glebe Point Rd, Glebe, geöffnet: Mo.–Sa. 8.30–18, So. 9–18 Uhr. Secondhandbuchladen und Antiquariat (So.–Di. bis 18.30, Mi.–Sa. bis 20 Uhr), bei Tage ein studentisch-gemütliches Café, auch mit veganer Karte, Mi.–Sa. bis abends spät auch Tapasbar.

93 [III] **The Earth Food Store** \$, 81A Gould St, Bondi Beach, geöffnet: Mo.–Sa. 6.30–17.30, So. 7–17.30, Laden Mo.–Do. bis 19, Fr.–So. bis 18.30 Uhr. Bioladen mit kleinem Café. Täglich wechselnde vegetarische und glutenfreie Mahlzeiten – auch zum Mitnehmen an den Strand.

EXTRATIPPS

Für den späten Hunger

In den meisten genannten Nachtklubs und Bars wird auch zu später Stunde noch der ein oder andere Happen serviert, schließlich weiß man um den Hunger der trinkenden Bevölkerung. Darüber hinaus sind zu empfehlen: **@Bangkok** (s. S. 70), **The Basement** (s. S. 80), die Imbissstände **Harry's Café de Wheels** (s. S. 46), das **Golden Century Seafood Restaurant** (s. S. 72), **Mamak** (s. S. 72) und **Khao San** (s. S. 72).

Dinner for one

Ganz allein an einem Tisch für vier oder mehr Personen zu sitzen, das liegt nicht jedem. Bei Tag ist es kein Problem, denn in den Cafés der Stadt genießen viele Sydneysider ihr Frühstück oder Mittagessen ebenfalls allein. Am Abend empfiehlt sich ein Pubbesuch in folgenden Lokalen: **The Arthouse Hotel** (s. S. 80), **Civic Hotel** (s. S. 74), **Coogee Bay Hotel** (s. S. 124), **The Glenmore Rooftop Hotel** (s. S. 74), **Harbour View Hotel** (s. S. 74), **Light Brigade Hotel** (s. S. 51), **The London Hotel** (s. S. 51), **Paddington Inn** (s. S. 74), **The Steyne Hotel** (s. S. 75) oder **Toxteth Hotel** (s. S. 75). Man bestellt eine Tresenmahlzeit und lernt so vielleicht andere Reisende oder wahre Sydneysider kennen. Einfache, asiatische Lokale eignen sich ebenfalls fast immer für eine Mahlzeit allein.

Lokale mit Meeresblick

Die natürliche Schönheit der Millionenstadt Sydney kann man in folgenden Lokalen an den beliebtesten Stränden bei einer leckeren Mahlzeit genießen: **Icebergs Terrace** (s. S. 58) am Bondi Beach oder **Coogee Bay Hotel** (s. S. 124) und **Coogee Rooftop** (s. S. 71) am Coogee Beach oder **Manly Fish Cafe** (s. S. 72), **The Pantry Manly** (s. S. 62) oder **The Steyne Hotel** (s. S. 75) am Manly Beach.

Beim Frühstück in einem der vielen Cafés

Lecker vegetarisch

In Australien gibt es in den meisten Lokalen gute vegetarische Gerichte, so auch bei den folgenden Adressen: **Yellow** (s. S. 73), **Chef's Gallery** (s. S. 71), **Harts Pub** (s. S. 79), **Coogee Bay Hotel** (s. S. 124), **La Rosa** (s. S. 72), **The Earth Food Store** (s. S. 76), **The Glenmore Rooftop Hotel** (s. S. 74), **Longrain** (s. S. 72), **Misschu** (s. S. 76), **Bills** (s. S. 75), **Poolside Café** (Frühstück, s. S. 76), **Sappho Books, Cafe & Bar** (s. S. 76), **The Tea Room** (s. S. 83) und **Toxteth Hotel** (s. S. 75) sowie der **Westfield Sydney Foodcourt** (s. S. 83).

Empfehlung für Veganer

Besonders kreativ ist das Superfood Sushi mit seinen rein veganen Sushivariationen wie Saigon Pickle aus schwarzem Reis, gefüllt mit vietnamesisch eingelegten Möhren, Daikonrettich, Babymais und umhüllt mit Avocado. Dafür nimmt man gern die Fahrt nach Newtown auf sich

94 [I] **Superfood Sushi** $, 69–77 King St, Newtown, www.superfoodsushi.com.au, geöffnet: Di.–Sa. 11–21, So. 11–15 Uhr

Ein weiteres Spitzenrestaurant ist das The Plant Gallery in Bondi Beach: Ihr Credo ist Nachhaltigkeit und frischeste sowie sorgfältig ausgesuchte Zutaten! Beim Anblick der Gerichte läuft einem zwangsläufig das Wasser im Mund zusammen.

95 [I] **The Plant Gallery** $$$, 95 Bondi Rd, Bondi Beach, Tel. 89713674, www.theplantgallery.com.au, geöffnet: Di.–Sa. 18–22, So. 11–16 und 18–22 Uhr

111sy Abb.: fo©arsdigital

Sydney am Abend

Das Nachtleben der Sydneysider gestaltet sich meist klassisch australisch. Am Donnerstag-, Freitag- und Samstagabend trifft man sich gleich nach der Arbeit mit Kollegen und/oder Freunden im Pub oder in einer Bar. Danach geht man essen und anschließend tingelt man vor allem freitags und samstags weiter durch die Szenelokale.

Da der traditionelle **australische Pub** nicht nur eine Kneipe ist, sondern fast immer auch gute Mahlzeiten serviert, kann es vorkommen, dass der Sydneysider hier sein Dinner einnimmt, dann Bier, Wein oder Cocktails trinkt und sich dabei mit Freunden unterhält, bis der Laden schließt. Generell sind Pubs in der Woche bis ca. 24 Uhr geöffnet, am Freitag und Samstag länger. Die Tradition, dass in den Pubs am Wochenende **Rock- und Popbands** auftreten, ist fast nur noch in den Vororten und in The Rocks (s. S. 17) lebendig. In den Bars und Kneipen in der City legt eher ein **DJ** auf. Manch ein Pub wird so zu vorgerückter Stunde zum Nachtklub, in dem man tanzt. Die großen Musikacts treten auf den großen Bühnen und in den Stadien der Stadt auf.

Ebenso populär wie Pubs sind die durchgestylten **Bars und Klubs**, die man in ebenso durchgestylter Aufmachung besucht. Hier gibt es Fingerfood, Sushi, Sternekoch-verdächtige Häppchen und Gerichte gepaart mit einer gehobenen Wein- und Cocktailkarte. Hier legen oftmals DJs auf und sorgen für die notwendigen „Vibes". Sehen und gesehen werden spielt eine große Rolle. An den Wochenenden brummt es außerdem in den **Nachtklubs** und **Diskotheken** von Darling Harbour [D3], Kings Cross 39, Darlinghurst [G5], Manly [Karte II], Bondi Beach 50 und Newtown.

In vielen Restaurants und Klubs gibt es einen **Dresscode**. Oftmals ist die Rede von *smart casual,* dann erwartet man ganz einfach gut bis schick gekleidete Menschen, bei Männern immer ein Hemd.

Von den Manly-Fähren (s. S. 63) kann man die Stadt und das Opernhaus 11 am besten fotografieren

Bei vielen **Nachtklubs** gibt es eine ganze Reihe von Bedingungen. Als Beispiel hier der Dresscode des Marquee, wo die Devise „dress to impress“ (also: sehr schick) herrscht. Hält man sich nicht dran, kommt man erst gar nicht rein.

Pubs und Bars

In den unter „Sydney für Genießer“ genannten Pubs (s. S. 74) kann man gut essen gehen. Nachfolgende Etablissements besucht man eher auf ein abendliches Getränk, aber in fast allen werden auch (kleine) Gerichte angeboten.

- **96** [E2] **Blu Bar on 36,** 36. Etage des Hotels Shangri-La, 176 Cumberland St, The Rocks, Tel. 92506000, geöffnet: tägl. ab 17, Mo.–Do. bis 24 Uhr, Fr./Sa. bis 16–1, So. 15–23 Uhr. Hier kann man gemütlich einen Cocktail schlürfen und die fabelhafte Aussicht auf Sydney bei Nacht genießen.
- **97** [F2] **Cruise Bar,** auf 3 Stockwerken im Overseas Passenger Terminal, The Rocks, Tel. 92511188. In der Junk Lounge (So./Mi./Do. 17–24, Fr./Sa. 17–1 Uhr) im 1. Stock (Cocktails) wird an Gemeinschaftstischen gegessen (asiatisch inspiriert). Highlight ist die unschlagbar gute Sicht auf das Sydney Opera House und den Hafen. Im Erdgeschoss (So.–Do. 11–24, Fr./Sa. 11–1 Uhr) gibt es mediterrane Gerichte zu erschwinglichen Preisen und sogar ein Kindermenü, schließlich soll es auch den kleinen Kreuzfahrtgästen bei ihrem Landgang munden.
- **98** [E2] **Harts Pub,** Essex St/Gloucester St (am Fuße des Hotels Shangri-La), The Rocks, Tel. 92516030, geöffnet: tgl. 11.30 bis ca. 23 Uhr. Minibrauerei mit vier hauseigenen Bieren und weiteren Sorten von kleinen australischen Brauereien. Für wahre Bierliebhaber.
- **99** [II] **New Brighton Hotel,** 71 The Corso, Manly, www.newbrightonhotel.com.au, Tel. 99773305, geöffnet Mo.–Do. 10–23, Fr. 10–3, Sa. 9–3, So. 9–24 Uhr. Tolle Bar, gemütliche Dachterrasse (tgl. 12–23 Uhr) mit angesagten Nachtklubs 33 Degrees (So.–Mi. 12–24, Do.–Sa. 12–3 Uhr) sowie Shark Bar (Di./Fr./Sa. 22–3 Uhr) in einem!
- **100** [E3] **O Bar & Dining,** Level 47, Australia Square, 264 George Street, Tel. 92479777, geöffnet: tägl. ab 17 bis ca. 23 Uhr, Mi.–Fr. auch Lunch. Die aufregende Bar befindet sich im 47. Stock des Australia-Square-Gebäudes, das sich um sich selbst dreht und so in 105 Minuten eine komplette Rundumsicht der Skyline von Sydney bietet. Achtung: Der Lift zur 47. Etage ist an der von der Straße abgewandten Seite. Viele exklusive Bargerichte für 12–22 $, Cocktails für 16–24 $. Mindestalter: 18 Jahre. Gepflegte Kleidung notwendig. Die Bar nimmt nur die eine Hälfte des Stockwerks ein, in der anderen Hälfte ist das gehobene Restaurant untergebracht, in dem Michael Moore kocht. Hier muss man mindestens zwei Gänge bestellen.
- **101** [E2] **The Australian Heritage Hotel,** 100 Cumberland St, The Rocks, Tel. 92472229, geöffnet: Mo.–So. 11–24 Uhr. 120 Biere auf der Karte und Gourmetpizzas locken Touristen aus aller Welt. Das Ambiente in diesem denkmalgeschützten Pub von 1913 ist einfach gut.

Nachtleben

In einer Metropole wie Sydney gibt es eine Vielzahl an Musiktempeln, Discos, Jazzkellern, Kleinkunstbühnen, Szenetreffs, Kabarettbühnen, Nachtbars usw. Die folgenden Tipps befinden sich in den touristisch interessanten Stadtteilen.

EXTRATIPP

Kleinkunst und Kabarett

110 [E4] **The Arthouse Hotel,** 275 Pitt St, Tel. 92841200, www.thearthousehotel.com.au, Küche: Mo.–Mi. 10–24, Do. 10–1.30, Fr. 10–3, Sa. 12–1.30 Uhr. Eine der erstaunlichsten Kneipen in einer ehemaligen Kunstschule aus dem Jahr 1836, in der man sehr gut essen gehen kann oder aber zu später Stunde die Cocktailkarte unter die Lupe nehmen sollte. Kunstausstellungen, Varieté und Kabarettvorstellungen machen den Abend hier regelmäßig zu etwas Besonderem.

Livemusik

› **Civic Underground,** im Civic Hotel (s. S. 74), www.universalhotels.com.au. Livemusik und DJs (Techno, Deep House), tgl. 22–5 Uhr.

› **Coogee Bay Hotel** (s. S. 124). Hervorragendes Hotel, gemütlicher Biergarten und fünf weitere Bars, ein Nachtklub, ein gutes Restaurant und täglich Livemusik in der Beach Bar: Mo./Di. ab 21, Mi.–Sa. ab 22, So. ab 19.30 Uhr.

102 [E5] **Goodgod 'Small Club',** 55 Liverpool St, www.goodgodgoodgod.com, geöffnet: je nach Tag und Event ab 18, 20 oder 23 Uhr, Eintritt: bis zu 20 $. Kleiner Klub mit regelmäßigen Rock- und Punkbandauftritten sowie Dancefloor-Events.

› **MCA ARTBAR,** im MCA 2. Jeden letzten Freitagabend des Monats gibt es hier ab Einbruch der Dunkelheit Musik, Ausstellungen und Design, zusammengestellt von einem Gast-Kurator. Mal etwas anders!

103 [E5] **Metro Theatre,** 624 George St, www.metrotheatre.com.au. Konzertbühne für bekannte nationale und internationale Independent-Rockkonzerte.

104 [F5] **Oxford Art Factory,** 38–46 Oxford St, Darlinghurst, www.oxfordartfactory.com, geöffnet: Mo.–So. ab 18 Uhr. Mal Livemusikbühne, mal DJs und mal einfach nur eine coole Bar.

105 [F2] **The Basement,** 7 Macquarie Pl, Circular Quay, Tel. 92512797, www.thebasement.com.au, geöffnet: tgl. 12–1 Uhr. Der seit 1972 fest etablierte Klub ist vor allem abends gut besucht. Fast täglich Jazz, Burlesque, Rock, Akkustik, Dance, Rap, Indie oder Comedy live. Gutes Restaurant (tgl. Lunch und Dinner)!

106 [E3] **The Bristol Arms,** 81 Sussex St, Tel. 92625491, www.thebristolarms.com.au, Mo.–Do. 12–23, Fr./Sa. bis 3 Uhr, Küche: Mo.–Mi. 12–14.30, 17.30–21 Uhr. Burger, Fish and Chips oder ein Schnitzel gefällig? In diesem klassischen Pub kein Problem! Do./Fr. von 18 bis 22 Uhr akustische Livemusik auf der Dachterrasse (Mo./Di. erst ab 16 Uhr, sonstige Tage wie oben).

107 [H5] **The World Bar,** 24 Bayswater Rd, Kings Cross, www.theworldbar.com, geöffnet ab 15 Uhr. Bekannt für Indie-Livemusik. Je nach Wochentag ein anders Programm.

108 [E5] **Three Wise Monkeys,** 555 George St, Chinatown, www.3wisemonkeys.com.au, geöffnet: tgl. 10–4 Uhr. Hier stehen Touristen und Einheimische Schlange, um auf einer der drei Etagen ein Bierchen zu trinken und täglich der abendlichen Livemusik zu lauschen (auch viele live übertragene Sportevents).

› **Tokio Hotel @ Home,** im Home (s. S. 81), www.tokiohotellive.com.au. Sieben Tage Livemusic oder DJs. Montags Jam Session für Singer-Songwriter, Musiker und Dichter.

Nachtklubs

109 [E3] **Chinese Laundry,** 111 Sussex St (unter dem Pub Slip Inn), Darling Harbour, www.chineselaundryclub.com.au, geöffnet: Fr./Sa. ab 21 Uhr, Eintritt ab 17,70 $. Klub, in dem internationale DJs harten Techno und House auflegen.

111 [G6] **Ching a lings,** 133 Oxford St, Darlinghurst, www.ching-a-lings.tumblr.com, geöffnet. Di./Mi. 18–23, Do.–Sa. 18–1, So. 17–22 Uhr. Winziger Klub, den man nicht so leicht findet und in dem regelmäßig DJs auflegen oder auch ein Plattenlabel neue Alben vorstellt. Besonders beliebt bei den Gästen: die Dachterrasse!

112 [D4] **Home,** 101 Wheat Rd, Cockle Bay Wharf, Darling Harbour, www.homesydney.com, Eintritt: bis 25 $. Riesige Disco mit acht Räumlichkeiten mit unterschiedlicher Musik. Man muss man sich aber in Schale werfen (Türsteher).

113 [C3] **Marquee,** The Star, Harbourside Entry via Pirrama Road, Pyrmont, www.marqueesydney.com, geöffnet: Fr./Sa. ab ca. 22 Uhr, Eintritt ab 12,30 $ (Fr.)/35 $ (Sa.). Klub für die junge, hippe Szene. Hier legen auch immer wieder international bekannte DJs auf. Dresscode!

114 [E3] **Pacha,** Ivy, 330 George St, www.pachasydney.com, Sa. 18.30–3.30 Uhr, Tickets ab 30 $. Einer der angesagtesten House- und Techno-Klubs der City für die betuchten „Unter-30er" mit Tanzshows.

115 [D4] **Pontoon Bar,** Cockle Bay Wharf, Darling Harbour, www.pontoonbar.com (man kann sich online auf die Gästeliste setzen lassen), Eintritt: ca. 20 $. Am Wochenende ist hier der Bär los. Die Lage am Darling Harbour mit Blick auf die Cockle Bay macht die Pontoon Bar besonders attraktiv.

116 [E2] **The Argyle,** 18 Argyle St, The Rocks, www.theargylerocks.com, Eintritt: ca. 25 $. Nachtklub in atemberaubendem historischem Dekor mit fünf Bars und kleiner Tanzfläche. Beliebter Ort, um den Abend zu beginnen.

Theater, Film und Konzerte

Es gibt eine Vielzahl an Theatern und Konzertbühnen in Sydney, die jedoch nicht alle für Touristen interessant sind. Die wichtigsten Bühnen sind:

117 [F7] **Belvoir Theatre,** 18 und 25 Belvoir St, Surry Hills, www.belvoir.com.au. Zeitgenössische australische Themen dargeboten von Weltklasse-Schauspielern.

118 [E1] **Roslyn Packer Theatre,** 22 Hickson Rd, Walsh Bay (The Rocks), www.sydneytheatre.com.au, Theaterkasse: Mo. 9–19, Di.–Fr. 9–20 Uhr, an Vorstellungstagen auch Sa. 12–20 Uhr, So. zwei Stunden vor der Vorstellung. Im März 2015 bekam das ehemalige Sydney Theatre seinen neuen Namen, geblieben ist das australische Staraufgebot auf der Bühne, z. B. Cate Blanchett, Geoffrey Rush, Richard Roxburgh, John Howard.

119 [E4] **State Theatre,** 49 Market St, City, www.statetheatre.com.au. Ein opulentes, altes Theater, das vor allem für Konzerte, aber auch für das jährliche Filmfestival genutzt wird.

11 [F1] **Sydney Opera House.** Der Besuch des Opernhauses ist auch von innen zu empfehlen, am besten im Rahmen einer Veranstaltung. Man kann alternativ aber auch an einer Führung teilnehmen.

120 [E1] **The Wharf Theatres,** Pier 4, Hickson Rd, Walsh Bay (The Rocks), www.sydneytheatre.com.au, Theaterkasse: Mo. 9–19.30, Di.–Fr. 9–20.30 Uhr, an Vorstellungstagen auch Sa. 11–20.30, So. zwei Stunden vor der Vorstellung. Zusammen mit dem Roslyn Packer Theatre *die* Theateradresse in Sydney. Modernes australisches Theater, Comedy und moderner Tanz (u. a. von der renommierten Aborigine-Gruppe Bangarra Dance Theatre, die traditionelle Elemente der Aborigines mit modernem Tanz zu einem neuen Stil kombiniert).

Ebenso gibt es in Sydney eine Vielzahl an **Kinosälen.** Die wichtigsten für Filmfestivals sind:

- K 121 [H7] **Chauvel Cinema,** Oxford St (Ecke Oatley Rd), Paddington, www.palacecinemas.com.au. Programmkino.
- K 122 [F2] **Dendy Opera Quays,** 2 Circular Quay East, Circular Quay, www.dendy.com.au. Programmkino.
- K 123 [E5] **Event Cinemas,** 505–525 George St, City, www.eventcinemas.com.au. Blockbuster-Kino.
- K 124 [G6] **Palace Verona,** 17 Oxford St, Paddington, www.palacecinemas.com.au. Programmkino.

Sydney für Kauflustige

In vielen Stadtteilen von Sydney befinden sich große Einkaufszentren und überall sind mehr oder weniger dieselben australischen und internationalen Ladenketten vertreten. Drum herum gibt es aber natürlich auch Einzelhändler. In der Innenstadt findet man ihre Geschäfte vor allem entlang der George Street 1 *und in deren Nebenstraßen zwischen dem Hauptbahnhof und dem Fährterminal Circular Quay. Herzstück der George Street wird ab Inbetriebnahme der neuen LightRail-Trasse 2019 die neue Fußgängerzone zwischen Bathurst Street und Hunter Street sein.*

Das Gros der **Einkaufszentren** befindet sich zwischen **Queen Victoria Building** 20 und der Fußgängerzone **Pitt Street Mall** 18. Hier findet man mit Sicherheit alles, was das Herz begehrt. Abgesehen von den Geschäften gibt es darin die praktischen Foodcourts, in denen man eine Stärkung für die Shoppingtour zu sich nehmen kann. Liebhaber von kleinen **Modeboutiquen** sollten in **Paddington** entlang der **Oxford St** 44 bummeln, denn dort sind die australischen Modelabels angesiedelt. Für passionierte Marktgänger ist an einem Samstag der Besuch in Paddington oder Glebe Pflicht, denn dort finden wöchentlich die beiden besten **Märkte** der Stadt statt.

Shoppingareale

Die wichtigsten Shoppingbereiche der Stadt sind im Kartenmaterial mit einer rötlichen Fläche markiert.

Im QVB 20 kann man shoppen oder auf einen Kaffee einkehren

Shoppingmalls

125 [F4] **David Jones (1),** 86–108 Castlereagh St, www.davidjones.com.au, geöffnet: Sa.–Mi. 9.30–19, Do./Fr. bis 21, Sa. schon ab 9 Uhr. Damen- und Kinderabteilungen der australischen Warenhauskette.

126 [F4] **David Jones (2),** 65–77 Market St. Herrenabteilung der australischen Warenhauskette (Zeiten wie oben). Hier gibt es auch ein David Jones Café, das Mo.–Fr. schon ab 7.30 Uhr geöffnet ist, alle anderen Zeiten wie das Geschäft.

127 [D3] **David Jones (3),** 300 Barangaroo Av, Barangaroo, geöffnet: Mo.–Mi. 8.30–19, Do./Fr. 8.30–21, Sa 9–18, So. 10–17 Uhr. Hier sind auch die großen australischen und internationalen Modelabels vertreten. Das Café vor Ort öffnet Mo.–Fr. schon um 7 Uhr, alle anderen Zeiten wie das Geschäft. Um das neuste Flagschiff herum entsteht derzeit ein ganz neues Shoppingareal.

128 [E4] **Myer,** 436 George St, www.myer.com.au, geöffnet: Mo.–Mi., Sa. 9–19, Do. bis 21, Fr. bis 20, So. 10–19 Uhr. Australische Kaufhauskette mit u. a. Kleidung diverser australischer Designerlabel.

20 [E4] **Queen Victoria Building (QVB).** Viktorianisches Einkaufsparadies mit Flair auf fünf Ebenen. Im 2. Stock gibt es eine Galerie mit Aboriginekunst und ein Souvenirgeschäft. WLAN.

129 [E4] **The Strand Arcade,** 412–414 George St, www.strandarcade.com.au, geöffnet: Mo.–Mi., Fr. 9–17.30, Do. bis 21, Sa. bis 16, So. 11–16 Uhr (im 1. und 2. Stock Mo.–Sa. erst ab 10 Uhr). WLAN. Das viktorianische Einkaufszentrum bietet Boutiquen australischer Designerlabels. Einen Besuch wert ist auch der australische Pralinenhersteller Haigh's.

130 [E4] **Westfield Sydney,** Pitt Street Mall/Market St, www.westfield.com.au/sydney, geöffnet: Mo.–Mi., Fr./Sa. 9.30–19, Do. bis 21, So. 10–19 Uhr. WLAN. Vor allem Mode- und Schuhgeschäfte, viele internationale Marken, aber auch typisch australische Surfmarken wie Billabong, Mambo, Roxy, Ripcurl und Quicksilver, das Bushkleidungs- und Schuhlabel R.M. Williams (3. Stock) sowie Läden von Modedesignern. Im Geschäft 100 Squared im 1. Stock werden die Kreationen angesagter australischer Modedesigner verkauft.

KLEINE PAUSE

Shop 'n' Stop

› **Dymocks** (s. S. 85). In der Filiale der größten australischen Buchladenkette kann man auf dem Mezzanine-Niveau gut frühstücken und Mittag essen. WLAN.

› **Westfield Sydney Foodcourt,** Westfield Sydney (s. l.), 5. Stock. Schicker Foodcourt mit Gourmetpizzas, edlen Fischgerichten, französischer Patisserie, asiatischen Nudelgerichten, Sushi, Pasta, Thaigerichten, Sandwiches und vegetarische Vollkornkost – für jeden Geschmack etwas.

› **The Tea Room,** Queen Victoria Building 20, Nordende, 3. Stock, geöffnet: tägl. 10–17 Uhr. Teesalon mit Klasse, in dem man nicht nur guten Tee, Morning Tea oder High Tea serviert bekommt, sondern auch herrliche Gerichte zum Lunch im viktorianischen Ambiente des einstigen Tanzsaales genießen kann.

Souvenirs

Typische Souvenirgeschäfte findet man entlang der **George Street** 1 zwischen Hauptbahnhof und Fährterminal Circular Quay 8. **Originellere Souvenirs** gibt es u. a. auf den Pad-

104sy Abb.: eg

dington Markets 44 oder den Glebe Markets (s. S. 86). Ideal für den Einkauf von Mitbringseln sind auch die verschiedenen Shops der Museen. Weitere empfehlenswerte Adressen sind:

- **Craft NSW Store** (s. S. 68), geöffnet: tägl. 9.30–17.30 Uhr. Mitglieder der Society of Arts and Crafts of NSW stellen hier ihre kunsthandwerklichen Arbeiten aus und bieten sie dem Besucher auch zum Verkauf an.
- 131 [D4] **Harbourside,** Darling Dr, Darling Harbour, geöffnet: tägl. 10–21 Uhr. Einkaufszentrum mit auf Touristen ausgelegten Geschäften mit Aboriginekunst, Holzarbeiten, T-Shirts, Porzellanwaren, Plüschtieren, australischer Surf- und Beachmode, Bushmodelabels wie R.M.

Die Paddy's Markets (s. r.) - ein Highlight für Schnäppchenfans

Konfektionsgrößen

Hier eine Liste der mitteleuropäischen Bekleidungsmaße und ihrer australischen Entsprechungen. Bei Schuhen sind die Angaben je nach Herstellungsland (USA, Großbritannien, China, Italien, Australien etc.) unterschiedlich, daher sollte man im Geschäft nach der richtigen Größe fragen. Herrenhemden haben die europäischen Maße.

Herren

Herrenanzüge

D	44	46	48	50	52	54	56
Australien	87	92	97	102	107	112	117

Damen

D	34	36	38	40	42	44	46
Australien	6	8	10	12	14	16	18

Kinder

D	50/56	62	68	74	80	86/92	98
Australien	0000	000	00	0	1	2	3
D	104	110	116	122	128	134	140
Australien	4	5	6	7	8	9	10

Williams (Schuhe), UGG (Lammfellschuhe), Akubra (Hüte) und Drizabone (Mäntel).

132 [E6] **Paddy's Markets,** Hay St, Chinatown, geöffnet: Mi.–So. und feiertags (wenn ein Montag) 10–18 Uhr. Die Paddy's Markets sind der preiswerteste Ort für traditionelle Souvenirs „made in China".

Mode

Die Boutiquen der australischen Modedesigner sind im 4. Stock des **Westfield Sydney** (s. S. 83), bei Myer (s. S. 83), David Jones (s. S. 83), im 1. und 2. Stock des **The Strand Arcade** (s. S. 83), aber auch entlang der **Oxford St** 44 in Paddington zu finden. Auf weitere exklusive Mode- und Schuhboutiquen stößt man in der **William St** [I6/7] bis zur Ecke Hopetoun St. In **Paddington** und **Woollahra** bietet sich der Besuch von The Intersection an, einer Kreuzung, an der sich einige namhafte Damenmodeboutiquen befinden:

Bücher, Video und Audio

In Australien gibt es **keine Preisbindung** für den Verkauf von Büchern, daher können die Preise für ein- und dasselbe Buch von Geschäft zu Geschäft bis zu 10 oder 15 $ variieren (wobei das Gros der Neuerscheinungen zwischen 20 und 35 $ kostet).

Viele in Australien herausgegebene Bücher zu sogenannten **„Australiana"**, also rein australischen Themen wie z. B. die australische Flora und Fauna, australische Architektur, Literatur oder Geschichte, findet man nur in Australien und sollte sie daher vor Ort kaufen. Dasselbe gilt für CDs und DVDs.

Wenn man an Secondhandbüchern, -filmen, -CDs, -DVDs oder auch Schallplatten interessiert ist, sollte man sich auf den Märkten in Glebe und Paddington (s. S. 86) sowie entlang der Glebe Point Rd [B5–C6] in Glebe umsehen. Die interessanteste Buchauswahl findet man in den Shops der Museen und bei folgenden Adressen:

133 [C6] **DaCapo Music Books,** 51 Glebe Point Rd, 1. Stock, geöffnet: tägl. Mo./Di. 8.30–18.30, Mi.–Sa. 8.30–20, So 9–18.30 Uhr. Noten und Publikationen über Musik.

134 [E4] **Dymocks,** 428 George St, geöffnet: Mo.–Mi., Fr. 9–19, Do. bis 21, Sa. 9.30–18, So. 10–18 Uhr. Alteingesessene Adresse der größten australischen Buchladenkette.

135 [B6] **Florilegium: The Garden Bookstore,** 65 Derwent St (Ecke Mitchell St), geöffnet: Di.–Fr. 10–18, Sa. 10–17 Uhr. Bücher für Gartenliebhaber.

› **Gertrude & Alice Cafe Bookstore** (s. S. 76). Vollgestopfte Regale mit Secondhandbüchern und ein charmantes Café.

EXTRATIPP

Heimat der Opale

Nur in Australien findet man diese Edelsteine aus versteinerten Silikateinschlüssen. Der seltenste und teuerste ist der **Black Opal** mit schimmernden Lagen von tiefem Blaugrün oder Regenbogenfarben vor einem dunklen Hintergrund. Am preiswertesten ist der **White/Light Opal** mit seiner Vielzahl an Farben vor weißem oder hellblauem Hintergrund. Bei **Doublets** und **Triplets** werden dünne Schichten von Opal auf einen anderen Untergrund geklebt.

136 [E3] **The National Opal Collection,** 60 Pitt St, geöffnet: Mo.–Fr. 9–18, Sa. 10–17, So. 11.30–17 Uhr. Gutes Opal-Museum und Showroom in einem.

137 [C6] **Gleebooks,** 49 Glebe Point Rd, www.gleebooks.com.au, geöffnet: So.–Mi. 9–19, Do.–Sa. 9–21 Uhr, Secondhand- und Kinderbücher: 191 Glebe Point Rd, tägl. 10–19 Uhr. Fast täglich Literaturlesungen u. Ä.

138 [E4] **Kinokuniya,** The Galeries, 2. Stock, 500 George St (gegenüber dem QVB), www.kinokuniya.com.au, geöffnet: Mo.–Mi., Fr./Sa. 10–19, Do. 10–21, So. 11–18 Uhr. Der Buchladen bietet chinesische und japanische (auch viel Manga) und überraschenderweise auch deutsche und französische Bücher. WLAN.

› **Library Shop,** State Library 14, geöffnet: Mo.–Fr. 9–17, Sa./So. 11–17 Uhr

› **Sappho Books, Cafe & Bar** (s. S. 76). Bei Studenten beliebtes Antiquariat und Secondhandbuchladen.

› **Sydney Opera House Shop,** Sydney Opera House 11, Lower Concourse, geöffnet: tägl. 9–17 Uhr

› **The Garden Shop,** Royal Botanic Gardens 12, geöffnet: tägl. 9.30–17 Uhr (Juni/Juli nur bis 16.30 Uhr)

Märkte der Stadt

Auf Sydneys Märkten findet man u. a. Kunsthandwerk, Secondhandsachen, Mode und Designobjekte, aber insbesondere eine lebendige Atmosphäre, die schon allein einen Besuch wert ist. Märkte gibt es samstags in fast jedem Stadtteil. Die beiden Wichtigsten sind:

139 [C6] **Glebe Markets,** Glebe Public School, Glebe Point Rd, Glebe, geöffnet: Sa. 10–16 Uhr, www.glebemarkets.com.au. Der nach den Paddington Markets beste Markt Sydneys mit über 200 Ständen, an denen man originellen Schmuck, interessante Kunsthandwerkprodukte, Mode (neu und *vintage*), New-Age-Utensilien und kulinarische Leckerbissen findet. Livemusik ab 12 Uhr.

44 [I7] **Paddington Markets.** Ein herrliches Marktgewirr am Samstag mit 250 Ständen mit Mode, Schmuck, Büchern, Kunst, Keramik, Hüten, Massagen etc. Neue Designer bieten hier ihre Entwürfe an. Natürlich gibt es auch viele Imbissstände. Der schönste Markt in ganz Sydney!

Supermärkte

Die beiden größten Supermarktketten sind **Coles** und **Woolworths.** Zudem gibt es **convenience stores** (kleine Ladenketten mit langen Öffnungszeiten), die aber teurer sind. **Aldi** findet man vor allem in den Vororten, beispielsweise Oxford St/Ecke Pelican St in Darlinghurst; 1 Bay St, Broadway (fast an der Glebe Point Rd in Glebe); Manly Wharf, Manly, jeweils tägl. 8.30–20 Uhr.

Duty-free

Die australische **Mehrwertsteuer** nennt sich „Goods and Services Tax (GST)" und beträgt 10 %. Ausgenommen sind frische Lebensmittel. Beim Verlassen Australiens kann man die Mehrwertsteuer am **Tourist Refund Scheme (TRS) Booth** in der Departures-Halle (hinter dem Zoll) zurückerstattet bekommen.

Bedingungen: Der gesamte Kaufbetrag auf einer Quittung von einem Geschäft muss mindestens 300 $ betragen, der Einkauf darf nicht länger als 60 Tage zurückliegen, man muss die Ware nach dem Check-in vorzeigen können (muss ins Handgepäck) und auf der Steuerrechnung *(tax invoice)* muss die elfstellige Steuernummer (ABN) des Verkäufers stehen. Man kann auch die App **„TRS"** (kostenlos für iOS und Android) installieren, dann bekommt man einen QR-Code und kann sich für die Rückerstattung in eine kürzere Schlange einreihen.

Am Flughafen kann man mehrwertsteuerfrei einkaufen. Hierbei bleibt die gekaufte Ware bis zum Abflug in Plastiktaschen versiegelt. Zum Einkauf in den **Duty-free-Shops** muss man Reisepass und Bordkarte vorlegen.

EXTRATIPP

Kleine „Kreuzfahrt" gefällig?

Preiswert und entspannend ist eine **Rundfahrt mit der Fähre** ab Circular Quay 8, bei der man die Aussicht und die frische Luft an Deck genießen kann. Am beliebtesten ist die Fähre nach Manly, aber auch alle anderen (außer der Fähre nach Parramatta) sind für einen Ausflug geeignet.

Für eine **„kleine Kreuzfahrt" mit Cafébesuch** bieten sich folgende Haltestellen an, die direkt an den Werften gelegen sind:

143 [I] **Thelma & Louise Cafe,** Fähre nach Neutral Bay, geöffnet: Mo.–Fr. 7–17, Sa./So. 8–17 Uhr. Guter Kaffee, interessante Gerichte, quirlige Atmosphäre und Blick auf die Neutral Bay.

144 [I] **Tide Café,** Fähre nach Rose Bay, geöffnet: tägl. 8–15 Uhr. Toller Ort für ein Frühstück oder Lunch am Wasser mit einer der schönsten Aussichten in Sydney. Auf der täglich wechselnden Speisekarte wird jeder fündig. Wer länger sitzen bleiben möchte, kann in die Bar umziehen oder im Regatta Restaurant $$$$ zum Dinner einkehren.

145 [I] **Watson's Bay Beach Club,** Fähre nach Watson's Bay, geöffnet: tägl. 7–24 Uhr. Die Fahrt und die wunderschöne Aussicht auf Sydney allein rechtfertigen einen Besuch auf ein Getränk, Mittagessen oder Frühstück.

Sydney zum Träumen und Entspannen

In der City gibt es drei **Parkanlagen,** in denen sich Sydneysider und Touristen gleichermaßen gern für eine kleine Verschnaufpause oder gar ein Picknick im Grünen niederlassen: die **Royal Botanic Gardens** 12, **Hyde Park** 22 und das **Barangaroo Reserve** 5.

Besondere Orte zum Träumen und Entspannen findet man ansonsten jedoch vor allem entlang dem Sydney Harbour oder an der Küste zur Tasman Sea.

★**140** [D2] **Illoura Reserve,** Balmain, Fähre nach Balmain East Wharf. Kleiner Park rund um die Fährenanlegestelle in Balmain, von der man die Stadt einmal von einem anderen Blickwinkel aus betrachten kann.

› **Küstenwanderpfad von Bondi Beach nach Coogee** (s. S. 58). Die Küste zwischen Bondi Beach und Coogee mit ihren kleinen, versteckten Strandabschnitten wie Tamarama und Clovelly und großen offenen Buchten wie dem Endpunkt Coogee ist sehr abwechslungsreich. Naturfreunde können hier aufatmen und entspannen.

★**141** [I] **Nielsen Park,** Vaucluse, Bus 325 ab Hickson Rd (Walsh Bay, bei Barangaroo Reserve), Park St (Town Hall) oder Bayswater Rd (Kings Cross). Charmanter Park, praktisches Kiosk-Café und ein toller Badestrand. Wenn man Lust hat, ist der Park Ausgangsort für eine Küstenwanderung nach Watson's Bay oder zur City.

★**142** [I] **South Head,** Watson's Bay, Fähre von Circular Quay nach Watson's Bay. Der Nationalpark mit dem Hornby Lighthouse bietet wunderbare Orte zum Entspannen an seinen Stränden Lady Bay Beach oder Camp Cove sowie an den Klippen des Gap Bluff der Tasman Sea.

112sy Abb.: fo©Dean Miller

Zur richtigen Zeit am richtigen Ort

In einer Weltmetropole wie Sydney ist immer etwas los. Manche Events sind weltberühmt wie das Sydney to Hobart Yacht Race, die Feierlichkeiten zur Sylvesternacht oder der Sydney Mardi Gras der LGBT-Szene. Es gibt jedoch noch viel mehr Highlights, wobei an fast allen gesetzlichen Feiertagen besondere Events stattfinden.

Januar bis März

- **Neujahrstag,** 1. Januar. Dancemusicparty (Field Day) in der Parkanlage The Domain.
- **Flickerfest,** www.flickerfest.com.au, Anfang Januar. Zehntägiges internationales Kurzfilmfestival im Bondi Pavilion in Bondi Beach.
- **Manly and Freshwater Open Carnival,** Wochenende vor dem oder am Australia Day. Schwimmwettbewerbe des Surf-Life-Saving Club im offenen Meer am Manly Beach und Freshwater Beach.
- **Australia Day,** 26. Januar. Feierlichkeiten in der Stadt, u. a. Wettfahren der Fähren in Sydney Harbour, Australia Day Regatta mit Segelschiffen und ein Feuerwerk (www.australiaday.com.au).
- **Sydney Festival,** Januar. Angesehenes, dreiwöchiges Festival mit Auftritten von nationalen und internationalen Größen der Theater-, Musik- und Tanzszene, aber auch weniger bekannten Künstlern (www.sydneyfestival.org.au).
- **Chinese New Year** im Januar/Februar. Chinesisches Neujahrsfest. Zwei Wochen

Das Silvesterfeuerwerk gibt es gleich zweimal: um 21 Uhr und um Mitternacht (s. S. 90)

EXTRATIPP

Früh buchen

Es lohnt sich, lange vor Antritt der Reise die **Newsletter** von interessanten Veranstaltungsorten wie z. B. dem Sydney Opera House zu **abonnieren oder deren Facebook-Seite zu „liken“**, damit man Events in seine Reiseplanung integrieren und Tickets buchen kann.

lang rund 70 Veranstaltungen mit jährlich ca. 600.000 Besuchern, u. a. Märkte, Löwentänze, Laterneninstallationen in Chinatown, Feuerwerk und Drachenbootrennen in Darling Harbour (www.sydneychinesenewyear.com).

- **Sun Run & Cole Classic,** Anfang Februar. Spektakuläres Massen-Wettschwimmen und Laufevent mit rund 4500 Teilnehmern für einen wohltätigen Zweck, das seit 2005 am Manly Beach stattfindet (www.sunruncoleclassic.com.au).
- **Sydney Gay and Lesbian Mardi Gras,** Februar/März. Zweiwöchiges Festival der LGBT-Szene mit Kunst, Musik, Theater, Film, Literatur, Partys und einer Straßenparade (www.mardigras.org.au).
- **Australian Open of Surfing,** Februar/März. 10-tägiges Surf-, Skateboard-, BMX- und Musikevent am Manly Beach (www.australianopenofsurfing.com).
- **St. Patrick's Day,** irischer Feiertag am 17. März. Parade durch die City und Hyde Park 22, Konzerte, festlich grün gefärbtes Bier und Guinness in den Pubs (www.sydneystpatricksday.com.au).
- **Cricket Test Match,** März. Das entscheidende Cricketspiel um den Weltcup. Die Pubs sind dann brechend voll.

April bis Juni

- **ANZAC Day:** 25. April. Feierlichkeiten im Morgengrauen auf dem Martin Place 17 beim Kenotaph (ab 4.30 Uhr) und Parade zum Hyde Park 22.
- **Mercedes-Benz Fashion Week Australia,** Mai. Präsentation der Frühjahrs- u. Sommerkollektion der australischen Modedesigner (www.mbfashionweek.com).
- **The National Rugby League State of Origin Series,** ab letztem Maiwochenende an drei Wochenenden. Spielserie der Rugby League in NSW und Queensland. Die Pubs sind dann voll (www.nrl.com).
- **Vivid Sydney,** Ende Mai bis Anfang Juni. Eindrucksvolles Festival mit Lichtinstallationen und Projektionen auf Gebäude, wobei man die auf das Dach der Sydney Harbour Bridge auf keinen Fall verpassen sollte (www.vividsydney.com).
- **Sydney Film Festival,** 10 Tage im Juni. Internationales Filmfestival (www.sff.org.au) mit ca. 250 Filmen, u. a. im State Theatre (s. S. 81), Sydney Opera House 11 und Dendy Opera Quays (s. S. 82).
- **Walsaison.** Zwischen Juni und Anfang September sollte man auf dem Meer nach Walen Ausschau halten, denn entlang von Sydneys Küsten ziehen

Gesetzliche Feiertage in New South Wales

Fallen die gesetzlichen Feiertage auf einen Samstag oder Sonntag, gibt es einen **„Ersatzfeiertag"** am darauffolgenden Montag. Viele Geschäfte bleiben dann teilweise oder ganz geschlossen.

- **Neujahrstag:** 1. Januar
- **Australia Day:** 26. Januar. Feiertag zum Gedenken an die Gründung Australiens mit der Landung in Botany Bay 1788.
- **Karfreitag:** An diesem Tag sind viele Sehenswürdigkeiten, Geschäfte, Cafés und Restaurants geschlossen.
- **ANZAC Day:** 25. April. Feierlichkeiten zum Gedenken an das Australian and New Zealand Army Corps (ANZAC), das im Jahr 1915 an diesem Tag in Gallipoli (Osmanisches Reich) landete, um für Großbritannien gegen die Türken, Alliierte der Deutschen, zu kämpfen.
- **Queen's Birthday:** zweiter Mo. im Juni
- **Bank Holiday:** erster Mo. im August
- **Labour Day:** erster Mo. im Oktober
- **Christmas Day:** 25. Dezember. An diesem Tag sind viele Sehenswürdigkeiten, Geschäfte, Cafés und Restaurants geschlossen.
- **Boxing Day:** 26. Dezember

EXTRATIPP

What's up in Sydney?

- **http://whatson.cityofsydney.nsw.gov.au:** der wohl umfassendste Onlinekalender für Events in Sydney

dann vor allem Buckelwale *(humpback whales)* und Südkaper *(southern right whales)* oder aber eine von zehn weiteren Walspezies vorbei (www.wildaboutwhales.com.au oder www.smh.com.au/environment/whale-watch). Es gibt viele Tourveranstalter (ab Circular Quay 8 oder Manly, s. S. 62), die das Sichten eines Wales in diesem Zeitraum garantieren.

Juli bis September

- **City2Surf,** Anfang August, 14-km-Volkslauf für einen wohltätigen Zweck vom Hyde Park nach Bondi Beach (http://city2surf.com.au).
- **Sydney Marathon,** September. Marathon, Halbmarathon, Brückenlauf und Familienlauf durch Sydney (www.sydney-marathon.org).
- **BEAMS Arts Festival,** September. Kunstfestival für einen Tag in den Gassen von Chippendale und rund um den Central Park. Showcase der Kreativen mit Licht-, Klang- und Bewegungskunst, Workshops und Performances (www.beamsfestival.com.au).
- **Manly Arts Festival,** ca. 14 Tage lang ab dem zweiten Fr. im September. Die Innenstadt von Manly wird zur Bühne für bildende und darstellende Kunst.
- **Rugby League Grand Final,** September oder Oktober. Das Finale der Rugby-League-Saison sorgt für volle Pubs (www.nrl.com.au).
- **AFL Grand Final Week.** Ende September/Anfang Oktober endet die Saison der Australian Football League und in den Pubs wird zugeschaut (www.afl.com.au).
- **Manly Jazz,** Anfang Oktober. Kostenlose Konzerte mit Jazz-, Blues-, Roots- und Rockmusik und mehr in Cafés, Restaurants und *open-air* auf dem Corso in Manly.

Oktober bis Dezember

- **Rugby World Cup Final,** Ende Oktober. Ende des internationalen World Cups, für NSW als Rugby-Staat ein Top-Sportevent (www.rugbyworldcup.com).
- **Sculpture by the Sea,** Ende Oktober/Anfang November. Auf dem Küstenweg von Bondi nach Tamarama werden Skulpturen von australischen und internationalen Künstlern ausgestellt (www.sculpturebythesea.com).
- **Sydney Open.** Am ersten Sonntag im November kann man 50 Gebäude, die sonst für die Öffentlichkeit nicht zugänglich sind, besuchen. Darunter sind immer wieder architektonische Perlen. Ein Blick in das Programm lohnt: http://sydneylivingmuseums.com.au/sydneyopen.
- **Tropfest,** ein Tag Anfang Dezember. Weltweit größtes Kurzfilmfestival ab 2017 an der neuen Location im Parramatta Park (mit einer Fähre von Circular Quay aus zu erreichen) mit ca. 800 Kurzfilmen (www.tropfest.org/au).
- **Carols by Candlelight,** Dezember. Von Laienchören und bekannten australischen Sängern gesungene Weihnachtslieder, die im Dezember in der Parkanlage The Domain für vorweihnachtliche Stimmung sorgen (www.carolsinthedomain.com).
- **Sydney to Hobart Yacht Race,** 26. Dezember. Das berühmte Jachtrennen über 630 Seemeilen nach Hobart startet ab Nielsen Park (www.rolexsydneyhobart.com).
- **New Year's Eve,** 31. Dezember. Silvester mit spektakulärem Feuerwerk auf der Sydney Harbour Bridge 7 und in Manly (www.sydneynewyearseve.com).

SYDNEY VERSTEHEN

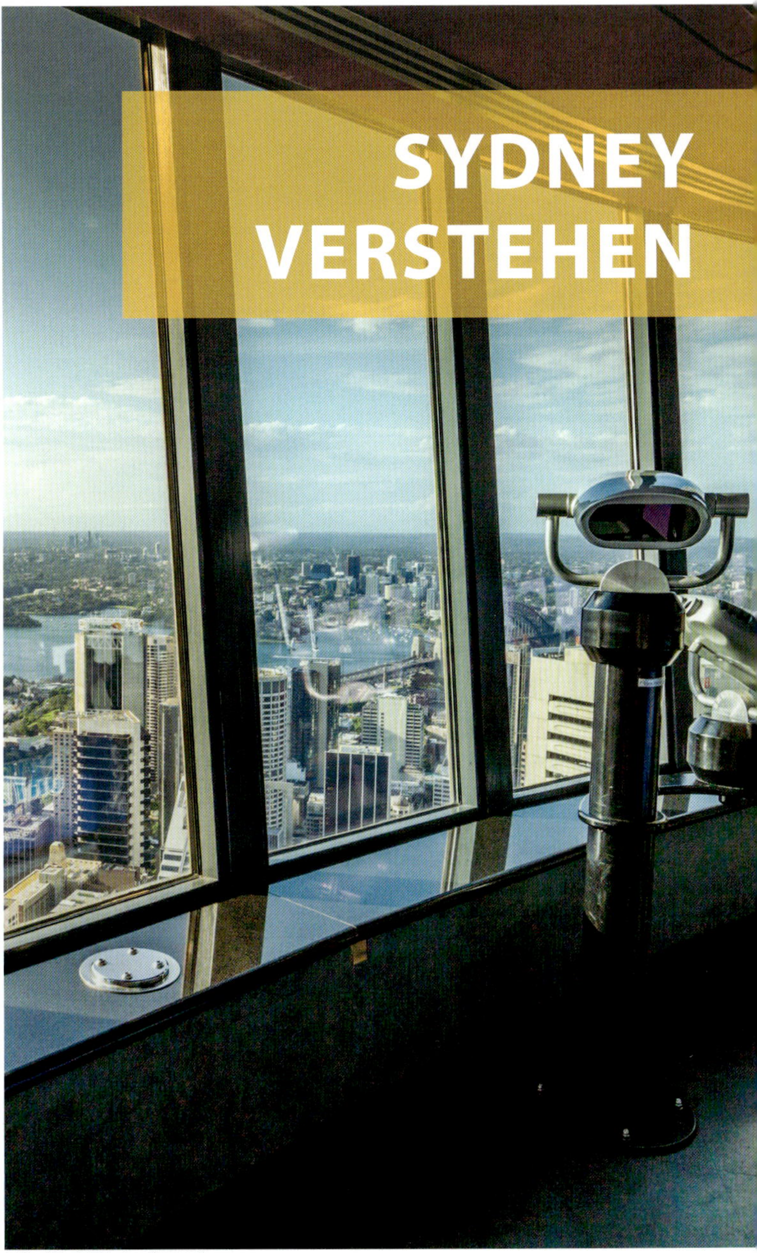

113sy Abb.: fo©Mariusz Prusaczyk

Viel blauer Himmel, Sonnenschein, eine frische Meeresbrise und die glitzernden Wellen im Sydney Harbour und an der Tasman Sea bringen die Stadtbewohner und Besucher jeden Tag zum Lächeln – aller Großstadthektik zum Trotz.

Das Antlitz der Metropole

Eine moderne Wolkenkratzerarchitektur, sanierte Altstadtviertel und die ständig neu entstehenden Großbaustellen sind deutliche Zeichen einer wirtschaftlich boomenden Stadt. Alles ist auf Hochglanz poliert, sowohl die neuen Gebäude als auch die historischen Bauten. Die Mehrzahl der Stadtbewohner hat Geld und nimmt sich auch die Zeit, dieses in den Cafés, Restaurants, Pubs, Bars und Geschäften auszugeben. Der weitläufige natürliche Hafen mit seiner sanft hügeligen Landschaft bildet den Rahmen für den historischen Stadtkern mit dem berühmten Sydney Opera House und der Sydney Harbour Bridge und für den Central Business District, das Geschäfts- und Einkaufszentrum der Stadt. Die berühmten Strandvororte Bondi Beach und Manly scheinen dem Rhythmus der Meeresbrandung zu folgen. Die Menschen kommen und gehen: zum Sonnenbaden, Schwimmen, Surfen, Stand Up Paddling, Joggen, Spazieren, Nachtschwärmen, Essen, Trinken und Schwatzen. In der Woche sind es vor allem Einheimische und Touristen, am Wochenende hippe Stadtbewohner.

Der **Stadtkern** von Sydney liegt besonders malerisch in einer Bucht von

◁ Vorseite: Im Sydney Tower Eye 19 liegt einem die Stadt zu Füßen

▽ Am Circular Quay 8 herrscht ein ständiges Kommen und Gehen von Fähren und Kreuzfahrtschiffen

050sy Abb.: sb

Sydney Harbour, der Mündung des Parramatta River in die Tasman Sea. Der **Großraum Sydney** umfasst 656 Stadtteile, die 35 Regierungsdistrikten unterstellt sind und zusammen rund 4000 km² Fläche abdecken. Die sogenannten Sydneysider nehmen somit oftmals lange Anfahrtszeiten von ihrem Wohnort zu ihrer Arbeitsstelle in der City in Kauf.

Das **touristisch interessante Stadtgebiet** beschränkt sich jedoch im Wesentlichen auf die Stadtbezirke The Rocks, Central Business District (CBD), Chinatown, Darling Harbour, Glebe, Darlinghurst, Paddington, Kings Cross, Bondi Beach, Coogee und Manly. Der öffentliche Nahverkehr ist insbesondere in diesen Stadtvierteln mit U-Bahn, S-Bahn, Nahverkehrszügen, Bussen und Fähren gut ausgebaut.

Sydney ist mit seinen geschätzten **5,5 Millionen Einwohnern** mit Abstand die **größte Stadt Australiens** und darüber hinaus die **Hauptstadt des Bundesstaates New South Wales (NSW).** Im Grunde ihres Herzens sehen die Sydneysider ihre Stadt als wahre Hauptstadt Australiens – nicht unbedingt politisch gesehen, sondern eher im Hinblick auf **Trends** im sozialen Bereich, in puncto Mode, Nachtleben oder auch im Hinblick auf die Restaurantszene. Sydney ist auch nach wie vor die beliebteste Stadt unter den Einwanderern aus aller Welt.

KURZ & KNAPP

Die Stadt in Zahlen

- **Gegründet:** 1788
- **Einwohner:** 5,5 Millionen, davon 223.271 Einwohner allein in der Inner City inklusive u. a. Glebe, Darlinghurst, Chinatown, Pyrmont, East Sydney, Newtown, Erskineville
- **Bevölkerungsdichte:** 400 Einwohner pro km²
- **Fläche:** Großraum Sydney ca. 12.137 km² (davon ca. 8000 km² Nationalparks), Inner Sydney 75,4 km²
- **Höhe ü. M.:** Central Business District ca. 12 m
- **Stadtbezirke:** 35, 650 Vororte

Der **Wirtschafts- und Immobilienboom**, der zur Jahrtausendwende begonnen hat, macht sich im **Stadtbild** bemerkbar: Die einst verwaisten alten Hafen- und Industriegebäude entlang dem Hafen wurden restauriert oder abgerissen und es sind neue Parklandschaften, Hochglanzapartments und Bürogebäude entstanden. Die alten Werften in Woolloomooloo, Circular Quay, The Rocks, Pyrmont Bay und Darling Harbour erstrahlen heute in neuem Glanz. Die für Drogen, Prostitution und Nachtleben berühmt-berüchtigten Stadtviertel Woolloomooloo, East Sydney, Potts Point, Kings Cross und Darlinghurst wurden und werden saniert und gentrifiziert. Dennoch verlagert sich das **innerstädtische Nachtleben** u. a. durch die Lock-out-Gesetze immer mehr in den Central Business District und The Rocks sowie in Vororte außerhalb wie Bondi Beach, Manly, Newtown etc. Lediglich etablierte Adressen der LGBT-Szene trotzen dem Gegenwind in Kings Cross und Darlinghurst.

Von den Anfängen bis zur Gegenwart

Einst war Sydney die erste Strafgefangenenkolonie der Engländer auf australischem Boden. Heute ist die Stadt eine Weltmetropole, die sich in vielerlei Hinsicht mit großen Namen wie London oder New York messen kann.

Auf einer geheimen Mission stieß **Kapitän James Cook** 1770 als erster Europäer auf die Ostküste Australiens und ging mit seinem Schiff „Endeavour" am 19. April in der **Botany Bay** vor Anker. Heute befinden sich an den Ufern dieser Bucht der Flughafen und der Containerhafen von Sydney. Nach einer Woche segelte Cook die Küste entlang gen Norden, ging auf einer kleinen Insel vor Cape York erneut an Land, hisste die britische Flagge, erklärte das Territorium bis zum 135. Längengrad im Namen von König George III. zu britischem Besitz und nannte es **New South Wales.**

Nachdem die amerikanischen Kolonien 1776 während des Unabhängigkeitskriegs dagegen rebelliert hatten, weitere Strafgefangene aus England als Zwangsarbeiter auf ihren Plantagen aufzunehmen, veranlasste der ab 1783 amtierende Innenminister **Thomas Townshend, Viscount Sydney**, im Jahr 1786 die Gründung einer **Strafgefangenenkolonie.** 1787 stach unter dem Kommando von Kapitän **Arthur Phillip** die **First Fleet** (Erste Flotte) mit elf Schiffen und ca. 1500 Männern und Frauen in See. Mehr als 750 von ihnen waren Strafgefangene, der Rest vorwiegend Angehörige der Marine.

Die Kolonie sollte ursprünglich in der Botany Bay gegründet werden, die James Cook und Joseph Banks bei ihrer Reise mit dem Schiff Endeavour entdeckt hatten und wo sie am 29. April 1770 erstmals an Land gegangen waren. Phillip fand jedoch, dass die Botany Bay, wo sich heute der Containerhafen befindet, nicht genügend Schutz für eine Siedlung bot und entschied sich für die **Sydney Cove,** die er nach dem Viscount Sydney benannte. Am **26. Januar 1788** ließ Phillip alle elf Schiffe dort vor Anker gehen und die Strafgefangenen an Land bringen. Begleitet von Gewehrschüssen hisste man am Abend feierlich den britischen Union Jack. Seither wird dieses Datum als **Australia Day,** der Gründungstag Australiens, gefeiert.

Im heutigen Stadtviertel **The Rocks** entstand eine Siedlung, die somit die historische Wiege der Stadt und der australischen Nation darstellt. Von hier aus wurde die Kolonie stellvertretend für die britische Regierung verwaltet, von hier aus stachen die Handelsschiffe mit **Merinowolle** in See, um diese in England zu verkaufen. Damit begann die Blütezeit der für Australien so wichtigen Wollindustrie.

New South Wales mauserte sich schnell zu einer Kolonie der freien Siedler, obwohl England noch bis 1840 Strafgefangene nach Sydney schickte. Im Juli 1842 erhielt Sydney das Stadtrecht und wuchs danach im **Goldrausch** der 1850er-Jahre rasend schnell. Noch 1851 zählte man im Stadtzentrum ca. 42.000 und in den Vororten 9684 Einwohner. 40 Jahre später waren es mit 383.283 Einwohnern schon mehr als siebenmal so viel.

Die Stadt bekam entlang der Pitt St eine von Pferden gezogene **Straßenbahn** und zur Sydney International Exhibition (1879) im eigens dafür erbauten Garden Palace kamen dampfbetriebene Straßenbahnen hinzu. Händler ließen sich in Paddington, Newtown oder Pyrmont nieder, die Arbeiterslums befanden sich in The Rocks, Darling Harbour und Surry Hills und die Reichen bauten ihre Villen entlang der Macquarie St und auf dem Woolloomooloo Hill (heute Potts Point). Chinatown entwickelte sich entlang der George St in Richtung Hauptbahnhof.

Mit dem **Immigrantenstrom** aus dem durch den Zweiten Weltkrieg gebeutelten Europa und weiteren Immigranten aus dem krisengeschüttelten Mittleren Osten und aus Asien in den 1970er- und 1980er-Jahren änderte sich das Gesicht Sydneys im 20. Jh. zu einer **multikulturellen Metropole.** Durch die große **Toleranz** gegenüber neuen Mitbürgern und auch Homosexuellen wurde die Stadt erneut zum Nabel des Kontinents. Hierher kamen und kommen die meisten Auswanderer und verleihen der mit Abstand größten Stadt Australiens den unwiderstehlichen Charme und ihren Facettenreichtum. Sydney ist heute mit all seinen richtungsweisenden Ideen und Moden, aber auch seinen Extravaganzen das New York oder London des australischen Kontinents.

26.01.1788: Gründung der Strafgefangenenkolonie Sydney Cove in NSW unter Gouverneur Arthur Phillip

1801–1803: Matthew Flinders umsegelt und kartografiert den australischen Kontinent und belegt, dass New Holland und NSW zu einem Kontinent gehören.

1803–63: Gründung von weiteren britischen Siedlungen: Van Diemens Land (1803, Tasmanien), Moreton Bay (1824, Queensland), Swan River (1829, Western Australia), Victoria (1835), Adelaide (1836, South Australia)

1825: Van Diemens Land wird als erste der neuen Siedlungen eine von NSW unabhängige Kolonie.

1828: Beginn einer Auswanderungskampagne, bei der die Überfahrt von Großbritannien nach Australien von der britischen Regierung bezahlt wird

1841: Letzter Transport von Strafgefangenen nach NSW

1842: Beginn der kolonialen Selbstverwaltung Australiens

1850: Der Südteil von NSW splittet sich als unabhängige Kolonie Victoria ab.

1851–1870: Goldrausch rund um Bathurst im östlichen Teil Australiens

1872: Henry Parkes wird Premierminister von NSW. Er wird viermal wiedergewählt und gilt als Gründervater Australiens, da er sich für die Vereinigung zu einer Föderation einsetzt.

1899: Die Australier nehmen für die Briten am Burenkrieg in Südafrika teil.

1900: Militärische Beteiligung beim Boxeraufstand in China an der Seite Großbritanniens. Daraus resultiert eine anti-chinesische Haltung. Bei der Gründung der Föderation wird deshalb der Immigration Restriction Act verabschiedet, wonach ausschließlich weiße Immigranten in Australien aufgenommen werden können („White Australia policy").

1.1.1901: Feierlicher Zusammenschluss der sechs Kolonien Australiens zum Federal Commonwealth of Australia mit bundesstaatlicher Verfassung und Dominion-Status (fast vollständige Unabhängigkeit von Großbritannien). Erster Premierminister ist Edmund Barton. Die Feierlichkeiten finden im Centennial Park in Sydney statt.

1911: Gründung des Federal Capital Territory (seit 1938 Australian Capital Territory genannt), in dem ab 1913 der heutige Regierungssitz Canberra gebaut wurde, wo seit 1927 alle föderalen Parlamentssitzungen stattfinden.

1914–1918: Australien kämpft an der Seite der Briten im Ersten Weltkrieg. 421.809 australische Freiwillige melden sich zum Kriegsdienst. Bilanz: rund 61.720 Gefallene und ca. 156.000 Verwundete, die höchste Todesquote unter den Alliierten.

1939–1946: Als die Japaner im Zweiten Weltkrieg Singapur einnehmen, bitten die Australier die USA um Hilfe. 1942 werfen die Japaner Bomben auf Darwin und greifen Sydney mit Mini-U-Booten an. 993.000 Australier ziehen in den Krieg, 39.366 sterben, viele von ihnen in japanischer Gefangenschaft.

1945–1971: Kontinuierlicher Immigrantenstrom aus Europa, eingeleitet von Regierungschef Josef Benedict Chifleys neuer Einwanderungspolitik. Jedes Jahr werden Einwanderungskontingente für bestimmte Nationalitäten festgelegt, ab 1966, nach dem Ende der „White Australia"-Politik, auch aus Asien.

1949: Einführung der australischen Staatsbürgerschaft. Bis dahin konnte man – wenn gewünscht – nur die britische Staatsbürgerschaft annehmen.

1951: Zum Schutz gegen künftige Bedrohungen z. B. durch Japan schließen Australien und Neuseeland mit den USA das ANZUS Treaty. Es beinhaltet, dass diese Nationen sich verpflichten, einander im Kriegsfall zu helfen. Aus diesem Grund ist Australien als Verbündeter der USA im Koreakrieg (1953), im Vietnamkrieg (1965), im Golfkrieg (1990), im Anti-Terror-Krieg in Afghanistan (2002) und im Irakkrieg (2003) aktiv beteiligt.

1956: Olympische Sommerspiele in Melbourne

1962: Die Aborigines erhalten das Wahlrecht (in Queensland erst 1965), 1967 wird dies in einem Referendum vom Volk bestätigt.

1966: Einführung des Australischen Dollars

1970: Victoria überträgt als erster Bundesstaat Land an Aborigines.

1975: Eine Korruptionsaffäre führt zur umstrittenen Absetzung des Premierministers Gough William durch den Generalgouverneur Sir John Kerr.

1984: „Advance Australia Fair" ersetzt endgültig „God Save The Queen" als offizielle Nationalhymne.

1985: Uluru (Ayers Rock) und Kata Tjuta (The Olgas) werden an die Aborigines zurückgegeben und erhalten ihre Aborigine-Namen zurück.

1986: Der Australia Act macht das australische Rechtssystem endgültig unabhängig von Großbritannien.

1992: Präzedenzfall: Das Oberste Gericht erkennt im Mabo-Fall an, dass die Aborigines Landrechte haben und es nie eine *terra nullius* (Niemandsland) gegeben hat. Ein Jahr später wird der Native Title Act unterzeichnet, wodurch Aborigines ein Recht auf Kompensation für Landverlust haben. Durch den Citizenship Act muss außerdem bei der Einbürgerung nicht länger auf die britische Krone geschworen werden.

1999: Bei einer Volksabstimmung lehnt die Mehrheit der Australier die Republikgründung ab, weil das angebotene Modell nicht ihren Vorstellungen entspricht.

2000: Olympische Spiele in Sydney. Darauf folgt ein Bau- und Immobilienboom. Die Lebenshaltungskosten steigen rasant.

2002: Terroristischer Bombenanschlag auf Bali. 92 junge Australier sterben. Im Zuge der weltweit zunehmenden Bombenanschläge in den Folgejahren werden in Australien die Sicherheitsmaßnahmen verschärft. Das „isolierte" Lebensgefühl verändert sich.

2007: Nach 13 Jahren Regierungskoalition von Liberal und National Party unter Premierminister John Howard gelingt der Australian Labor Party mit Kevin Rudd an ihrer Spitze der lang ersehnte Regierungswechsel.

2010: Nach einer kleinen parteiinternen Revolte wird Julia Gillard ohne Gegenkandidat zur Vorsitzenden der Labor-Partei gewählt. Erstmals steht eine Frau an der Spitze Australiens.

2013: Nach erneuten parteinternen Querelen wird Kevin Rudd wieder zum Vorsitzenden der Labor-Partei gewählt. Julia Gillard tritt zurück und Rudd ist zum zweiten Mal Premierminister von Australien. Aber bei der Wahl im September verliert die Labor-Partei und Tony Abbott wird an der Spitze der Liberal-National-Koalition Premierminister.

2015: Malcolm Turnbull wird zum Vorsitzenden der Liberalen gewählt (Tony Abbott verliert mit 44 zu 54 Stimmen) und damit zum 29. australischen Premierminister.

2016: Nach vorgezogenen Neuwahlen werden acht Tage lang Stimmen ausgezählt und schließlich die Liberal Party unter Malcolm Turnbull zum knappen Wahlsieger erklärt.

Leben in der Stadt

Strände, das Buschland in den Nationalparks, Flüsse und Binnenhäfen prägen das Bild der Metropole Sydney. Ihre Einwohner, die Sydneysider, kommen aus allen Erdteilen und bilden eine multikulturelle Gesellschaft, in der die australische Kultur jedoch dominant bleibt.

Der **Central Business District** ist vor allem durch seine Wolkenkratzer mit Büros, Hotels und Geschäften gekennzeichnet. In einem Teil der Gebäude gibt es zwar auch Apartments, aber nach Feierabend und Ladenschluss wird es in den Straßen doch sehr ruhig. Ganz anders in Stadtvierteln wie **Kings Cross, Darling Harbour, The Rocks, Chinatown, Glebe** oder **Darlinghurst.** Hier nimmt das bunte Treiben in den Straßen dann eher zu, denn hier lebt man, hier amüsiert und entspannt man sich. In den Strandvororten **Bondi Beach** und **Manly** sowie dem „Designermodevorort" **Padding-**

Beliebt: ein Spaziergang am Circular Quay (8) *von The Rocks bis zum Botanischen Garten* (12)

022sy Abb.: eg

Die Aborigines

*Die **Urbevölkerung Australiens** lebte bei britischem Siedlungsbeginn im Jahr 1788 bereits seit mindestens 20.000 Jahren im Hafengebiet von Sydney. Die Besatzung von Captain Cook stempelte die Aborigines bei ihren Landgängen 1770 aber als „ein paar Wilde" ab, denen man keine Landrechte abkaufen müsse.*

*Der Großteil der Ureinwohner überlebte die englische **Kolonialisierung** nicht, von ursprünglich ca. 3000 Aborigines in der Gegend blieben weniger als 300 übrig. Die anderen wurden getötet oder fielen eingeschleppten Krankheiten wie Grippe und Masern, zum Opfer. Die Übriggebliebenen waren bis weit ins 20. Jh. weitgehend **rechtlos** und wurden in der modernen Siedlungsgeschichte Sydneys an den Rand der Stadt nach La Perouse gedrängt.*

*Heute sind von der Gesamteinwohnerzahl Sydneys nur rund 52.171 Aborigines (Zensus 2011), also **weniger als ein Prozent!** Das Verhältnis zwischen der Nicht-Aborigine-Bevölkerung und den Aborigines bleibt angespannt. Während man offiziell am 26. Januar Australia Day feiert, nennen die Aborigines diesen Tag seit 1988 auch Invasion Day und erinnern an die nahezu vollständige Zerstörung ihrer Kultur.*

ton ist es wiederum am quirligsten, solange man am Strand baden kann bzw. die Geschäfte geöffnet sind.

Sydney ist natürlich auch eine **Studentenstadt** mit fünf Universitäten, an denen insgesamt ca. 220.000 (davon durchschnittlich 23 % ausländische) Studenten eingeschrieben sind. Hinzu kommen noch diverse andere Bildungsinstitute. Allein an der Sydney University, der ältesten Universität der Stadt, sind an den 18 Fakultäten 54.306 Studenten eingeschrieben, davon kommen 12.278 von außerhalb Australiens.

In Sydney leben mehr **im Ausland geborene Australier** als in den anderen australischen Metropolen. Die Zeiten, als die meisten neuen Migranten aus Großbritannien, Irland und Neuseeland stammten, sind jedoch vorbei, denn heute herrscht ein **Völkergemisch** aller Hautfarben, Glaubensrichtungen und Traditionen. Laut der letzten Volkszählung (2011) stammt mind. ein Viertel der Bevölkerung aus nicht-englischsprachigen Ländern, allen voran aus China, Indien, Vietnam, Indonesien, dem Libanon, Südkorea, Italien, Hongkong, Südafrika, Griechenland, der Republik Fidschi, dem Irak und von den Philippinen.

Fährt man Bus oder Taxi, spricht der Fahrer mit einem deutlichen ausländischen **Akzent** Englisch und verwendet dabei dennoch die vielen typisch australischen Redensarten. Junge Asiaten hingegen sprechen meist akzentfrei australisches Englisch, sodass man sich fragt, ob sie die Muttersprache ihrer Eltern überhaupt noch beherrschen. Es ist ein buntes und fröhliches Nebeneinander und Miteinander. „Gemischte" Liebespärchen und Ehepaare mögen für viele europäische Betrachter besonders herausstechen, aber hier in Sydney sind sie alle einfach nur Australier.

Barangaroo South ist fast fertig, jetzt folgt noch der neue Fähranleger

KURZ & KNAPP

Aborigine? Aboriginal?

In der deutschen Literatur ist der Begriff „Aborigine" fast überall gebräuchlich, die australischen Ureinwohner hören die Begriffe „Aborigines" oder auch „Aboriginals" aber oft nicht gern. In Australien verwendet man daher häufig die **politisch korrekte Bezeichnung „Indigenous Australians"**, womit jedoch auch die **Torres Strait Islanders** gemeint sind, die Ureinwohner von den Torres-Strait-Inseln, die zum australischen Bundesstaat Queensland gehören. Meint man die Festland-Einwohner, sprechen die Australier daher von **„Aboriginal people"**. Die Wertung und Akzeptanz der Begriffe ändert sich je nach Stand der politischen Lage allerdings immer mal wieder und die Frage nach einer wirklich korrekten Bezeichnung ist nicht abschließend geklärt. Die Ureinwohner selbst benutzen zunehmend Selbstbezeichnungen, die sich meist von ihren primären Siedlungsgebieten oder den lokalen Sprachgruppen ableiten. In Sydney spricht man von „Eora people" und diese unterteilen sich wiederum in 34 Gruppen, wovon die Cadigal in der Region der heutigen Innenstadt lebten.

› **Aboriginal Sydney:** Die App informiert über die Geschichte der Ureinwohner und für sie bedeutende Orte in Sydney (Android und iOS, 3,94 €/4,99 €).

Barangaroo – das Megaprojekt

Seit den Vorbereitungen auf die Olympischen Spiele 2000 nehmen die städtebaulichen „Facelifting-Projekte" kein Ende. Die boomende Wirtschaft Australiens macht es möglich.

Ganze Stadtviertel wurden bereits **restrukturiert** und **restauriert.** Das Ergebnis kann sich sehen lassen: The Rocks mit seinen hübsch restaurierten, historischen Gebäuden, Darling Harbour als Freizeitmeile auf ehemals industriellem Hafengebiet, die Werften an Millers Point, der Hafen in Pyrmont, die Wollspeicher und Lagerhallen in Ultimo, die Fahrradwege in der Stadt und die Wanderwege entlang der Küstenlinie.

Die Stadtsanierung wird im Rahmen des ökologischen Stadtsanierungsplans **Sustainable Sydney 2030** durch ein weiteres **Megaprojekt** vorangetrieben: Der Küstenabschnitt zwischen Circular Quay und Darling Harbour wird von seinem industriellen Antlitz befreit. **„Barangaroo"** heißt das Projekt – zu Ehren der **Frau von Bennelong,** einem in der frühen Geschichte Sydneys bedeutenden Ab-

051sy Abb.: fo©esmehelit

origine. Die Hälfte des ca. 22 ha umfassenden Areals zwischen Walsh Bay [E1] und Wulugul Walk [D3] wurde in die **Parklandschaft Barangaroo Reserve** verwandelt (2015 eröffnet). Auf der anderen Hälfte ist der Bau von **Apartments, Bürogebäuden** und einem **Hotel** in Barangaroo South in vollem Gange.

2017 wird der neue **Fährenterminal Barangaroo Wharf** in Betrieb genommen, der dann den bisherigen King Street Wharf ersetzt. Bis 2018 werden noch 150.000 m³ Erde, die durch den einstigen Containerhafen kontaminiert wurde, unter dem Barangaroo-Gebieten Central und South entfernt und anschließend durch neues Erdreich ersetzt.

Das erste neue **Gebäude in Barangaroo South**, Tower Two genannt, wurde im Juli 2015 eröffnet. Die weiteren Gebäude auf dem 7,5 ha großen Gelände sollen bis 2021 sukzessive fertiggestellt werden: der etwas niedrigere Tower Three (vom Wasser aus betrachtet zur Rechten), der etwas höhere Tower One (zur Linken) und (wiederum weiter links) die beiden Apartmentgebäude One Sydney Tower, für deren Entwicklung der Stararchitekt Renzo Piano die Ausschreibung gewonnen hat. Als Letztes soll bis 2019 das **Crown Sydney Hotel Resort** (6 Sterne) folgen. Mit diesem Luxushotel will Sydney vor allem Touristen aus China und anderen asiatischen Ländern bedienen. Anfang 2017 hatten im sogenannten Retail Precinct im Erdgeschoss von Tower Three und Tower Two schon über 50 Einzelhandelsgeschäfte und mehr als 30 Cafés, Restaurants u. Ä. eröffnet. Keine Frage, dass es sich um den neusten Hotspot der Stadt handelt.

Das 5,2 ha große Areal **Central Barangaroo** wird als Letztes in Angriff genommen und soll das kulturelle Herzstück von Barangaroo werden. Hier ist auch eine neue Metrostation geplant. Neue Straßen, Tunnel und Fußgängerbrücken werden angelegt und bis zur endgültigen Fertigstellung des Projekts das Straßenbild weiter verändern.

Man rechnet damit, dass das gesamte Barangaroo-Projekt **etwa 2022 zum Abschluss kommen** und **über drei Mrd. australische Dollar kosten** wird. Nach Ende aller Baumaßnahmen sollen täglich ca. 24.000 Angestellte und Anwohner sowie ca. 33.000 Besucher im Stadtteil ein und aus gehen. Eines ist seit Eröffnung des Barangaroo Reserve 2015 jetzt schon deutlich: Die Sanierung wird die Stadt auch **touristisch bereichern**.

Barangaroo ist aber bei weitem nicht die einzige Großbaustelle in Sydney, denn im Rahmen des Sustainable Sydney Program wurde im Oktober 2015 auch mit den Bauarbeiten an der **neuen LightRail-Linie CBD and South East** begonnen, die von Randwick und Kingsford über Moore Park und Surry Hills zur Central Station und weiter über die George Street nach Circular Quay führen wird, wobei der 1 km lange Abschnitt zwischen Bathurst Street und Hunter Street dann nur noch Straßenbahntrasse und Fußgängerzone sein wird. Die ersten 80 Meter an Straßenbahnschienen wurden im Dezember 2016 vor der Sydney Town Hall fertiggestellt. Bis zur geplanten Fertigstellung der gesamten Trasse 2019 ist mit vielen Baustellen zu rechnen.

› **Road to Barangaroo:** kostenlose App mit einem historischen Rundgang durch verschiedenen Abschnitte von Barangaroo. Geschichte zum Nachlesen mit engagiert vorgetragenem Audio-Material (kostenlos für Android und iOS).

PRAKTISCHE REISETIPPS

005cy Abb.: eg

An- und Rückreise

Im australischen Sommer von Dezember bis Februar herrscht **Hochsaison.** Auch viele Australier reisen zu dieser Jahreszeit und fliegen über Weihnachten nach Hause zurück. Das bedeutet, dass die Flüge schon Monate im Voraus ausgebucht sind. Wer nicht nur die teuersten Flüge und Hotels haben möchte, sollte daher **frühzeitig buchen** – idealerweise ca. sechs Monate vor Reiseantritt!

Flugverbindungen

Direktverbindungen ohne Umsteigen nach Australien gibt es aus dem deutschsprachigen Raum nicht, es wird auch bei einer **Direktverbindung** mindestens ein **Zwischenstopp** eingelegt, z. B. mit Emirates von Frankfurt, Düsseldorf, Hamburg oder München über Dubai. Darüber hinaus gibt es interessante **Umsteigeverbindungen** nach Sydney, z. B. mit Asiana und Korean Air (über Seoul), Cathay Pacific (über Hongkong), China Airlines (über Taipeh), Etihad Airways (über Abu Dhabi), Singapore Airlines (über Singapur), Thai Airways (über Bangkok), Air India (über New Dehli), Air China (über Peking), Qatar Airways (über Doha) und Vietnam Airlines (über Ho-Chi-Minh-Stadt).

Flugpreise

Je nach Fluggesellschaft, Jahreszeit und Aufenthaltsdauer bekommt man ein Economy-Ticket von Deutschland, Österreich oder der Schweiz nach Sydney und zurück **für 950 bis 1500 €.** Am teuersten sind Flüge von Anfang Dezember bis Anfang Januar.

Preiswertere Flüge sind mit **Jugend- und Studententickets** (je nach Airline alle jungen Leute bis 29 Jahre und Studenten bis 34 Jahre) möglich. Außerhalb der Hauptsaison gibt es einen Hin- und Rückflug von Frankfurt nach Sydney ab etwa 900 €.

Kinder unter zwei Jahren fliegen ohne Sitzplatzanspruch für 10 % des Erwachsenenpreises, ansonsten werden für ältere Kinder die regulären Preise je nach Airline um 25 bis 50 % ermäßigt. Ab dem 12. Lebensjahr gilt der Erwachsenentarif oder ein besonderer Jugendtarif.

Indirekt sparen kann man als Mitglied eines **Vielfliegerprogramms** wie von **Star Alliance** (www.star-alliance.com), **SkyTeam** (www.skyteam.com) oder **oneworld** (www.oneworld.com). Die Mitgliedschaft ist kostenlos und die gesammelten Meilen von Flügen bei Fluggesellschaften innerhalb eines Verbundes reichen vielleicht schon für einen Freiflug bei einer der Partnergesellschaften beim nächsten Urlaub. Beim Einlösen eines Gratisfluges ist aber langfristige Vorausplanung nötig.

Buchung

Heute werden Flüge zwar gern online gebucht, zumal Reisebüros eine Buchungsgebühr erheben, aber bequemer ist die Buchung per Reisebüro auf alle Fälle. Für die Tickets der Linienfluggesellschaften kann man bei Jet-Travel meist günstigere Preise finden:

› **Jet-Travel,** In der Flent 7, 53773 Hennef, Tel. 02242/868606, www.jet-travel.de. Buchungsanfragen oder Onlinebuchungen.

Vorseite: Eine Hafenrundfahrt (s. S. 120) ist in Sydney ein Muss

EXTRATIPP

Jetlag

Jetlag kann einem die ersten vier bis fünf Tage in Sydney gründlich verderben. Der Körper kann sich nicht so schnell auf den enormen **Zeitunterschied** einstellen, die innere Uhr ist aus dem Rhythmus und muss sich wieder einpendeln. Man wird viel zu früh müde, legt sich ins Bett und wird nachts ständig wach, fühlt sich erschöpft und kann das reiche Freizeitangebot kaum nutzen. Es gibt jedoch einige Tipps, wie man seinem Körper dabei helfen kann, Jetlag zu vermeiden. **Während des Fluges** sollte man **viel Wasser trinken** und so viel wie möglich **schlafen** oder ruhen. Ohrenstöpsel gegen den Lärm und Augenmaske helfen dabei. Nach der Ankunft in Sydney sollte man so viel Zeit wie möglich **bei Tageslicht an der frischen Luft** verbringen und versuchen, bis mindestens 18/19 Uhr durchzuhalten, bevor man müde ins Bett sinkt.

Vom Flughafen in die Stadt

Der **Kingsford Smith Airport** liegt nur neun Kilometer südlich des Stadtzentrums und ist an das **Sydney-Trains-Netzwerk** angebunden (AirportLink-Bahnhöfe im UG der Terminals). Wenn man in Sydney öffentliche Verkehrsmittel nutzen will, sollte man sich am Fahrkartenschalter gleich die Opal Card zulegen (s. S. 127).

› **Infos:** Den besten Anfahrtsweg per Sydney Trains, Bus und/oder Fähre zur Unterkunft bzw. zurück zum Flughafen sollte man sich unter www.transportnsw.info („Trip Planner“) oder der App Opal Travel (kostenlos für iOS und Android) auf dem Smartphone anzeigen lassen.

Wer lieber mit einem **Shuttlebus** zum Hotel möchte, kommt mit dem **KST Airporter** bequem zu den Hotels in der City, in Kings Cross und Darling Harbour. Sie fahren an der entsprechenden Haltestelle vor dem Terminal ab. Der Nachteil: Die Fahrt dauert mitunter lange, da für jeden Fahrgast bei einem anderen Hotel angehalten wird.

› **Infos:** Preis: 17 $. Will man für den Rückflug beim Hotel abgeholt werden, sollte man mindestens 3½ Stunden vor der Abfahrt reservieren: Tel. 83390155 oder noch besser online via www.kst.com.au.

Es gibt auch einen **Shuttlebus nach Manly**, der jedoch vorab online oder telefonisch gebucht werden muss.

› **Infos:** Airport Shuttle North, Tel. 1300505100 oder 99977767, www.asntransfers.com, 1 Person 44 $, für jede weitere Person 12 $ extra

Eine **Taxifahrt** (s. S. 128) ist am bequemsten und sofern man nicht allein reist auch gar nicht so teuer. Preisbeispiele mit Legion Cabs: in die City ca. 44 bis 49 $, nach Glebe ca. 39 $, nach Manly ca. 88 $ (wovon 11 $ allein Tunnel- und Brückengebühren sind). Fr., Sa. und vor einem Feiertag wird zwischen 22 und 6 Uhr ein Nachtzuschlag von 2,50 $ berechnet und es wird tgl. für Fahrten zwischen 22 und 6 Uhr 20 % auf den Kilometerpreis von 2,19 $ aufgeschlagen. Es ist allgemein üblich, etwa 10 % Trinkgeld zu geben.

Barrierefreies Reisen

Sydney ist für **Rollstuhlfahrer** relativ gut zugänglich, denn seit Ausrichtung der Paralympics 2000 hat man immer wieder Verbesserungen in öffentlichen Gebäuden, Hotels, Restaurants und großen Geschäften vorgenommen. Alle **Fähren** und die für Touristen interessanten **Anlegestellen** Circular Quay, Darling Harbour, Manly, Milsons Point/Luna Park, Neutral Bay und Taronga Zoo sind für Rollstuhlfahrer ausgelegt. Gleiches gilt für alle **Sydney Trains** und viele ihrer Bahnhöfe, ca. 50 % der **Buslinien** und alle **Light-Rail-Bahnen** sowie deren Bahnhöfe.

- **Informationen** über die Zugangsmöglichkeiten in Sydney gibt es auf der Internetseite www.cityofsydney.nsw.gov.au/explore/getting-around/accessibility und www.sydneyforall.com.
- **Taxis,** die für Rollstuhlfahrer geeignet sind, kann man rund um die Uhr bei Zero 200 vorbestellen, Tel. 83320200, www.zero200.com.au.
- Genaue Infos zu fast allen **öffentlichen Verkehrsmitteln** erhält man unter Tel. 131500 (bzw. 1800637500 für schwerhörige oder sprachbehinderte Kunden) oder www.transportnsw.info unter „Plan Your Trip", wobei man das Rollstuhlsymbol anklicken muss, damit nur barrierefreie Verbindungen angezeigt werden.

Damit **sehbehinderte Menschen** sich in Sydney zurechtfinden können, geben die Verkehrsampeln deutliche **Tonsignale** ab und an Bahnhöfen, Bussteigen, Bordsteinkanten gibt es **Markierungen auf dem Boden,** die man mit dem Blindenstock erfühlen kann. Für genauere Informationen kann man sich an Vision Australia (www.visionaustralia.org.au) wenden.

Diplomatische Vertretungen

In Deutschland und Österreich

- **Australische Botschaft in Deutschland,** Wallstr. 76–79, 10179 Berlin, Tel. 030 8800880, Visainformationsdienst Tel. 0044 2074203690, www.germany.embassy.gov.au. Auch zuständig für **Staatsangehörige der Schweiz und Liechtenstein.**
- **Australische Botschaft in Österreich,** Mattiellistr. 2, 1040 Wien, Tel. 01 506740, www.austria.embassy.gov.au

In Sydney

Besuch der nachfolgenden Konsulate jeweils nur nach telefonischer Absprache bzw. per Online-Kontaktformular!

- •146 [G4] **Deutsches Generalkonsulat,** 100 William St, 17. Stock, Woolloomooloo, Sydney Trains: Kings Cross, Tel. 0061 (0)2 83024900, www.australien.diplo.de. In Notfällen außerhalb der Öffnungszeten auch Tel. 0412 359826 (auch per SMS).
- •147 [E3] **Österreichisches Honorargeneralkonsulat,** 1 York St, 10. Stock, Sydney Trains: Wynyard, Tel. 0061 (0)2 92513363, consulate.sydney@advantageaustria.org
- •148 [I] **Schweizerisches Generalkonsulat,** 101 Grafton St (Ecke Grosvenor St), Tower 2, 23. Stock, Bondi Junction, Sydney Trains: Bondi Junction, Tel. 0061 (0)2 83834000, www.eda.admin.ch/sydney

Ein- und Ausreisebestimmungen

Visum

Als Staatsbürger der EU und der Schweiz muss man auf der Internetseite der Einwanderungsbehörde ein drei Monate gültiges, kostenloses, elektronisch ausgestelltes **Touristenvisum** (eVisitor, subclass 651) beantragen (www.border.gov.au/Trav/Visa-1/651-). **Geschäftsreisende** können dieses Visum ebenfalls online beantragen. Der **Reisepass** muss mindestens noch sechs Monate über das Ausreisedatum aus Australien hinaus gültig sein. **Kinder** müssen einen eigenen Reisepass haben und einen eigenen Visumsantrag stellen.

Wer **kein Staatsbürger der EU oder der Schweiz** ist, kann sich bei der zuständigen australischen Botschaft (s. S. 104) über andere Visumsarten informieren.

Einverständniserklärung für Minderjährige

Reisen Kinder nur mit einem Elternteil, kann sowohl bei der Ausreise als auch bei der Einreise eine Einverständniserklärung des anderen Elternteils erforderlich sein. Detailinfos erhält man beim Auswärtigen Amt und beim zuständigen Konsulat.

Zollformalitäten in Sydney

Wenn man in Australien ankommt, erhält man im Flugzeug oder auf dem Kreuzfahrtschiff die **Incoming Passenger Card**, auf der man alle im Exkurs „Einfuhr verboten!“ (s. S. 106) beschriebenen Dinge deklarieren muss (bei Ausreise muss man die Outgoing Passenger Card ausfüllen). Hat man dort etwas eingetragen, muss man damit durch den **Red Channel** (roten Kanal) gehen. Verbotene Substanzen und Produkte sollte man im Flugzeug liegenlassen oder in den bereitstehenden **Quarantänemülleimer** werfen. Alle deklarierten Dinge werden überprüft und meist sofort zurückgegeben. Falls nötig, darf man entscheiden, ob man für einen Export ins Ursprungsland zahlen will oder ob die betreffenden Dinge kostenlos vernichtet werden.

EXTRATIPP

Mehrwertsteuerrückzahlung

Alle Informationen zur Mehrwertsteuerrückzahlung finden sich im Abschnitt „Duty-free“ auf Seite 86.

Falls man verbotene Dinge einführt oder etwas nicht deklariert, riskiert man unter Umständen Geldbußen über 360.000 $ und eine **Freiheitsstrafe** von bis zu 10 Jahren. Seit 1992 werden zusätzlich zum Durchleuchten **Spürhunde** eingesetzt, die die Fluggäste und ihr Gepäck nach Betreten des Flughafens beschnuppern und anschlagen, wenn sie etwas aufspüren! Hat man wirklich nichts zu deklarieren, geht man durch den **Green Channel.**

Schweizer können im Übrigen mit ihren ePassports das **SmartGate für die automatisierte Passportkontrolle** mittels Gesichtserkennungstechnologie nutzen. Für deutsche und österreichische Staatsbürger ist dies noch nicht möglich.

- **Zollfreimengen:** Pro Person ab 18 Jahren dürfen 2,25 l Alkohol (inkl. Wein und Bier), 50 Zigaretten oder 50 g Tabakwaren sowie Neuwaren im Wert von 900 $ nach Australien eingeführt werden. Personen unter 18 Jahren dürfen Neuwaren im Wert von 450 $ einführen (keinen Alkohol oder Tabakwaren).

Europäischer Zoll

Im Folgenden ist aufgeführt, was man bei der Einreise **nach Europa einführen** darf. Selbstverständlich indiskutabel ist die Einfuhr von Waffen, Drogen und Tieren nach dem Artenschutzabkommen. Für Pflanzen, Pflanzenteile und deren Erzeugnisse ist ein **Pflanzengesundheitszeugnis** aus Australien erforderlich. D. h.,

Einfuhr verboten!

Bakterien, Viren und Schädlinge, die für Europas Flora und Fauna harmlos sind, können in Australien verheerende Epidemien verursachen. Daher hat Australien ***sehr strenge Einfuhrbestimmungen*** *für den Flug- und Postverkehr, an die man sich halten sollte.*

Im Folgenden werden in jeder Produktgruppe zunächst die Produkte genannt, die man beim Zoll deklarieren muss. Diese werden auf Gefährlichkeit überprüft. Innerhalb jeder Produktgruppe ist die Einfuhr von einigen Produkten grundsätzlich verboten.

- ***Pflanzenprodukte*** *aus Stroh, Holz, Palmenblätter, Getreide, Kokosnuss, Bambus, Schilf, Tannenzapfen, getrocknete Blumen.* ***Verboten*** *sind: alle lebenden Pflanzen sowie Bananenblätter, Samen und Nüsse.*
- ***Tierprodukte*** *wie Tierfelle, Tierhaut, Sehnen, Horn, Pelz, Federn, Haar, Eierschalen, Knochen, Muscheln, Korallenstücke, Wolle, Faden, Teppiche etc. Ausgestopfte Tiere brauchen ein Zertifikat des Tierpräparators.* ***Verboten*** *sind: alle lebenden Tiere, es sei denn man bringt z. B. sein Haustier mit, was aber mindestens drei Monate Quarantäne für das Tier bedeutet.*
- ***Lebensmittel,*** *egal ob gekocht oder roh, frisch oder im Glas eingemacht, essbar oder medizinisch anwendbar, z. B. Trockenfrüchte, Gemüse, Kräuter, Gewürze, Tee, Kräutermedizin, Süßes, Nudeln, Reis, Kaffee, Milchgetränke, Bienenprodukte.* ***Verboten*** *sind: frisches Fleisch, Fleischprodukte, Fischprodukte, Eier- und Milchprodukte, Obst, Gemüse, sogar frische Essensreste, die man während des Fluges serviert bekommen hat.*
- ***Kleidung und Ausrüstung*** *wie Lederkleidung, Schuhe mit eventuellen Erdresten (werden beim Zoll gereinigt, damit keine fremden Erreger, Pflanzensporen oder Tiereier eingeschleppt werden), Veterinärinstrumente, Sättel, Zaumzeug, Vogelkäfige, Zelte, Golfausrüstung, Fahrräder.* ***Verboten*** *sind: Sand und Erde.*
- ***Mehr Informationen:*** *Department of Immigration and Border Protection, www.border.gov.au. Hilfreich ist auch die ‚Dangerous Goods'-App des Departments (kostenlos für iOS und Android), die beim Kofferpacken im Zweifelsfall Klarheit schafft.*

schon bei Saatgut für australische Wildpflanzen muss man darauf achten, das es von einer zuverlässigen Quelle gekauft wurde.

- **Tabakwaren** (für Personen ab 17 Jahren): 200 Zigaretten oder 100 Zigarillos oder 50 Zigarren oder 250 g Tabak oder eine anteilige Zusammenstellung dieser Waren
- **Alkohol** (für Personen ab 17 Jahren) in die EU: 1 l Spirituosen (über 22 Vol.-%) oder 2 l Spirituosen (unter 22 Vol.-%) oder eine anteilige Zusammenstellung dieser Waren und 4 l nicht-schäumende Weine sowie 16 l Bier; in die Schweiz: 5 l bis 18 Vol.-% und 1 l über 18 Vol.-%
- **Andere Waren:** für See- und Flugreisende bis zu einem Warenwert von insgesamt 430 €, alle Reisende unter 15 Jahren 175 € (bzw. 150 € in Österreich); in die Schweiz: neu angeschaffte Waren bis zu einem Gesamtwert von 300 SFr

Wenn man mehr zollpflichtige Waren einführen möchte, als die Freigrenzen zulassen, können **Zoll, Verbrauchsteuer** und auch **Einfuhrumsatzsteuer** erhoben werden. **Nähere Informationen** erhält man beim zuständigen Zollamt.

- **Deutschland:** www.zoll.de oder Tel. 0351 44834510
- **Österreich:** www.bmf.gv.at oder Tel. 01 51433564053
- **Schweiz:** www.ezv.admin.ch oder Tel. 061 2871111

Elektrizität

In Australien nutzt man eine Stromspannung von **240/250 V** mit einer Frequenz von **50-Hz-Wechselstrom.**

Deutsche Geräte funktionieren somit ohne Probleme, aber man benötigt für die australischen Steckdosen dreipolige Stecker bzw. spezielle **Adapter** mit zwei leicht schräg stehenden Stiften und einem mittleren, senkrechten Stift zur Erdung (der nicht unbedingt nötig ist). Wenn man keinen Weltreisestecker hat, kann man einen passenden Adapter beispielsweise am Flughafen oder in vielen *convenience stores* in Sydney kaufen.

Wechselkurse

(Stand: März 2017)
1 € = 1,39 $
1 $ = 0,72 €/0,77 SFr
1 SFr = 1,30 $

- App-Tipp: Mit **Easy Currency Converter** kann man Geldbeträge schnell umrechnen (kostenlos für iOS und Android).

044sy Abb.: eg

Am ATM (Geldautomaten) kann man in Sydney problemlos Geld abheben

Geldfragen

In Australien bezahlt man mit dem australischen Dollar. Es gibt Scheine für 5 $, 10 $, 20 $, 50 $ und 100 $. Darüber hinaus gibt es Geldstücke im Wert von 2 $, 1 $, 50 Cent, 20 Cent, 10 Cent und 5 Cent.

Der australischen Wirtschaft geht es noch immer gut, und das schon seit Jahren. Die Folge: Der australische Dollar ist stark und somit ist alles **vergleichsweise teuer.** Besucht man pro Tag zum Beispiel zwei kostenpflichtige Sehenswürdigkeiten, isst in normalpreisigen Cafés und Restaurants, kauft zwei Wasserflaschen und nutzt das öffentliche Verkehrsnetz, so sollte man mindestens mit einem Budget von 160 $ pro Person und Tag kalkulieren. Hinzu kommen noch die Kosten für die Unterkunft.

Der **Geldautomat** *(ATM = Automatic Teller Machine)* ist der ideale Ort zur Bargeldbeschaffung. Sowohl mit der **Bankkarte mit Maestro-Logo** (auch EC-Karte genannt) als auch der **Kreditkarte** muss man dazu den jeweiligen PIN-Code eingeben. Aufgepasst: Viele Banken sperren die Debit-(EC-)Karten aus Sicherheitsgründen für den **Einsatz im außereuropäischen Ausland** oder beschränken den Verfügungsrahmen. Bankkarten mit der Bezahlfunktion **V Pay** (www.vpay.de), wie sie zum Beispiel von der Postbank ausgegeben werden, funktionieren außerhalb Europas nicht. Wer im Ausland mit seiner Debit-(EC-)Karte bezahlen oder Bargeld abheben möchte, sollte sich im Vorfeld bei seiner Bank erkundigen und die Karte ggf. für das Reiseland freischalten lassen.

Gleich nach Ankunft am Flughafen stehen zur Bargeldbeschaffung 33 Geldautomaten zur Verfügung. Die **wichtigsten Banken** sind ANZ Bank, Commonwealth Bank, National Australia Bank, St. George Bank und Westpac Bank, die alle eine Vielzahl an Filialen in der Stadt unterhalten (Mo.–Fr. 9.30–16/17 Uhr). Man muss jedoch keine Bankfiliale suchen, denn die Geldautomaten findet man z. B. in Einkaufszentren, in *convenience stores* und an Sydney-Trains-Bahnhöfen. Wenn man einen Automaten sucht, fragt man am besten einen Passanten: „Excuse me, do you know where I can find an ATM around here?"

Wie hoch die **Kosten für die Barabhebung** sind, variiert je nach kartenaustellender Bank und der Bank, bei der die Abhebung erfolgt. Man sollte sich daher vor der Reise bei seiner Hausbank informieren, mit welcher Bank sie vor Ort zusammenarbeitet und auch online bei www.geld-abheben-im-ausland.de die **Konditionen für Kreditkarten** vergleichen, mit denen man im Ausland gebührenfrei Geld abheben kann.

EXTRAINFO

Nicht auf den Cent genau

1985 wurden die **1- und 2-Cent-Münzen abgeschafft,** wodurch krumme Beträge beim Bezahlen **nach unten bzw. oben gerundet** werden. Also: Nicht wundern, wenn man das Wechselgeld nicht auf den Cent genau zurückbekommt!

Achtung: Hat man bei Barabhebungen am Geldautoamten die Wahl, sollte man **den Betrag immer in der Landeswährung vom Konto abbuchen lassen** und nicht in Euro. Bei einer Abbuchung in Euro wird die **Dynamic Currency Conversion** zugrunde gelegt, die erhebliche Kosten verursachen kann. Bei Abbuchung in der Landeswährung wird hingegen der offizielle Devisenkurs der eigenen Bank zugrunde gelegt und dies ist am sichersten. Grundsätzlich vorteilhafter ist das **bargeldlose Zahlen** im Geschäft mit der **Kreditkarte.**

Wer lieber **Bargeld** mitbringt, findet am Flughafen **Wechselstuben** von Travelex und lässt sich dort am besten Adressen der innerstädtischen Niederlassungen nennen. Wer dringend eine größere Summe Bargeld benötigt, kann sich über **Western Union** Geld schicken lassen (www.westernunion.de), allerdings kostet es 145,50 € Gebühr für eine Barauszahlung von 5000 $. Also nur für den Notfall von Nutzen.

› Kartenverlust oder -diebstahl s. S. 115

Sydney preiswert

*Die **Sydney Harbour Bridge** 7 und das **Sydney Opera House** 11 lassen sich von außen vollkommen kostenlos bestaunen und aus jedem Blickwinkel fotografieren. Die beiden schönsten Parkanlagen, von denen man einen wunderbaren Blick auf die City und/oder den Hafen hat, sind ebenfalls kostenlos zugänglich: die **Royal Botanic Gardens** 12, der **Hyde Park** 22 und das **Barangaroo Reserve** 5.*

*Kunstfreunde kommen im **Museum of Contemporary Art** 2, in der **Art Gallery of NSW** 27 oder im **Manly Art Gallery & Museum** 56 vollkommen gratis auf ihre Kosten. Und darüber hinaus gibt es eine Vielfalt an Galerien (s. S. 68) in der Stadt, in denen man zeitgenössische Arbeiten australischer Künstler bewundern darf.*

*Es gibt noch viele weitere Sehenswürdigkeiten, die man kostenlos besichtigen kann, darunter das **Museum des Sydney Observatory** 3, **The Mint** 16, das **Museum of Australian Currency Notes** (s. S. 66), das **ANZAC Memorial** 22, die **Victoria Barracks** 43, das Museum der **Sydney University** 47 (wird derzeit neu gebaut) und das The Rocks Discovery Museum (s. S. 67).*

*Plant man einen Besuch bei Attraktionen von **Merlin Entertainments** wie dem Sydney Tower Eye 19, Sydney Aquarium 35, Sydney Zoo 36, Madame Tussauds 34 oder Manly Sea Life Sanctuary (s. S. 61), spart man generell Geld, wenn man die Eintrittskarte online kauft (auch beliebige Kombinationstickets zusammenstellbar).*

*Vergleichsweise preiswert ist auch ein Besuch der Gebäude des **Historic Houses Trust of NSW,** die seit 2013 unter dem Namen „Sydney Living Museums" verwaltet werden: **Elizabeth Bay House** 38, **Hyde Park Barracks** 26, **Susannah Place** (s. S. 67), **Museum of Sydney** (s. S. 67) und **Justice & Police Museum** 10 (12 $ pro Sehenswürdigkeit).*

*Ein Strandbesuch am **Bondi Beach** 50, **Coogee Beach** 55 oder **Manly Beach** 57 sowie das Baden in den meisten Meeresfreibädern rund um Sydney ist ebenfalls kostenlos, man sollte lediglich in eine **Opal Card** für den **öffentlichen Verkehr** (s. S. 127) investieren, damit man sich so preiswert wie möglich fortbewegen kann.*

*Will man bei der **Verpflegung** sparen, empfiehlt sich der Besuch der Foodcourts in den Einkaufszentren (s. S. 83), wo man immer etwas nach seinem Geschmack findet, i. d. R. weniger zahlt als im Café/Restaurant und sich dennoch an den Gemeinschaftstischen zum Essen hinsetzen kann.*

Informationsquellen

Infostellen in der Stadt

Touristische Infostellen, die auch kostenlose Karten anbieten:

- **149** [E2] **Sydney Visitor Centre The Rocks,** The Rocks Centre, 1. Stock, Argyle St/Playfair St, The Rocks, Tel. 0061 (0)2 82730000, geöffnet: tägl. 9.30–17.30 Uhr
- **150** [D5] **Sydney Visitor Centre Darling Harbour,** 33 Wheat Rd (zwischen IMAX Theatre und Darling Walk), Darling Harbour, Tel. 0061 (0)2 92114288, geöffnet: tägl. 9.30–17.30 Uhr

ⓘ151 [II] **Hello Manly, Official Booking and Information Centre,** The Forecourt, Manly Wharf, Manly, Tel. 0061 (0)2 99761430, www.hellomanly.com.au, Mo.-Fr. 9-17, Sa./So. 10-16 Uhr

Darüber hinaus gibt es vier **Kioske,** die kostenlose Karten, Broschüren und allgemeine Infos anbieten. Sie finden sich an folgenden Standorten:

- **Circular Quay** 8, Pitt St und Alfred St, geöffnet: 9-17 Uhr (Anfang Nov. bis Ende März Fr./Sa. bis 21 Uhr)
- **Dixon Street** [E5], Nähe Goulburn St, Haymarket, geöffnet: 11-17 Uhr (Anfang Nov. bis Ende März Fr./Sa. bis 21 Uhr)
- **Kings Cross** [H4], Darlinghurst Rd und Springfield Av, geöffnet: 9-17 Uhr (Anfang Nov. bis Ende März Fr./Sa. bis 21 Uhr)

Kartenservice

Tickets für Theater, Konzerte und Musicals etc. bekommt man bei den folgenden Stellen:

- **Ticketek,** www.ticketek.com.au. Für große Events, u. a. in den Bereichen Theater, Oper, Musik, Film, Sport.
- **Ticketmaster,** www.ticketmaster.com.au. Für große Events, u. a. in den Bereichen Theater, Oper, Musik, Film, Sport.
- **Moshtix,** www.moshtix.com.au. Für Pop- und Rockkonzerte (eher kleiner, alternativ).

Sydney im Internet

Fast jedes Unternehmen in Sydney hat seine eigene Internet- und Facebookseite. In Australien ist **Facebook** seit Jahren eines der wichtigsten Marketingtools, wo Events und Veränderungen oft schneller eingepflegt werden als auf den Websites.

- **www.cityofsydney.nsw.gov.au** – offizielle Website der Stadtverwaltung.
- **www.whatsonsydney.com** – Hier erfährt man, was in der Stadt los ist.
- **http://weather.smh.com.au/local-forecast/nsw/sydney** – Genaue Wettervorhersagen für Sydney mit Detailinformationen für alle Stadtteile
- **www.bondivillage.com** – Tourismus- und Community-Informationen zu Bondi Beach
- **www.darlingharbour.com** – Offizielle Tourismusinfos zu Darling Harbour
- **www.kingscrossonline.com.au** – Tourismus- und Community-Infos zu Kings Cross (mit Darlinghurst, East Sydney, Potts Point, Woolloomooloo)
- **www.manlyaustralia.com.au** – Tourismus- und Community-Infos zu Manly
- **www.manly.nsw.gov.au** – Auf der offiziellen Website der Gemeindeverwaltung von Manly findet man unter „What's On" Infos zu Veranstaltungen.
- **www.therocks.com** – Die offizielle Tourismus-Website zu The Rocks bietet Veranstaltungsinformationen und vieles mehr.

Sydney-Apps

Außer den an anderen Stellen in diesem Buch beschriebenen Apps sind auch diese empfehlenswert:

- **Triple J Unearthed** (kostenlos für iOS und Android): App des gleichnamigen Radiosenderformats, der ausschießlich Musik von jungen australischen Talenten spielt. Tracks zum Streamen und Downloaden.
- **Weatherzone** (kostenlos für iOS und Android): App mit stadtteilgenauen Wetterinformationen für ganz Australien

Internet und Internetcafés

Die meisten **Unterkünfte** in Sydney bieten kostenlose oder preisgünstige Internetverbindungen. **Internetcafés**

Meine Tipps zu Literatur, Film, Theater und Tanz

Literatur

Abgesehen von Bildbänden gibt es kaum Buchempfehlungen zum Thema Sydney in deutscher Sprache. Will man einen Einblick in die Psyche der Sydneysider und/oder die komplexe Geschichte der Stadt und der Nation bekommen, können die folgenden englischsprachigen Bücher empfohlen werden:

- *Peter Carey:* ***„30 Days in Sydney".*** *Ein literarisches Reisebuch, das die Atmosphäre und die Lebensweise in Sydney einzufangen vermag. Es bietet sowohl eine historische als auch eine zeitgenössische Betrachtung Sydneys aus dem Blickwinkel des Autors, der aus Sydneys Stadtviertel Balmain stammt, aber heute in New York lebt.*
- *Tim Flannery (Hrsg.):* ***„The Birth of Sydney".*** *Eine Collage aus Stadtbeschreibungen aus der Sicht der frühen Entdecker, Pioniere, Journalisten sowie von Stadtbesuchern damals und heute.*
- *Delia Falconer:* ***„Sydney: Haunted City".*** *Ein literarisches Werk über die Psyche der Sydneysider und die aktuellen städtebaulichen Entwicklungen aus der Sicht einer waschechten Sydneysiderin mit frischem Schreibstil.*
- *Elfi H. M. Gilissen:* ***„Kulturschock Australien".*** *Dieses Buch behandelt die Besonderheiten der Australier, wobei die Geschichte und naturkundliche Gegebenheiten ebenso detailliert geschildert werden wie die sozialen Beziehungen und Eigenheiten.*
- *Ansonsten gilt: Man sollte in Sydney in Buchläden stöbern, denn australische Titel haben oft kleine Auflagen und sind häufig nur vor Ort zu erwerben. Bei Gleebooks (s. S. 86) wird einem mit Sicherheit ein australischer Titel im gewünschten Genre empfohlen.*

Film und Fernsehen

- *Australische Filme kommen eher selten in deutsche Kinos (mit Ausnahme des alljährlichen Down-Under-Filmfestivals in Berlin, www.downunderberlin.de), australische Fernsehproduktionen noch seltener. Sie bieten aber beide eine exzellente Möglichkeit, Einblicke in die australische Seele zu bekommen. Also sollte man ruhig abends ein wenig gezielt zappen oder ins Kino gehen. In Sydney spielende Serien, die auch online erhältlich sind, wären z. B. „Rake", „Offspring", „Packed to the Rafters" oder auch „Love My Way".*

Theater und Tanz

- *Nicht verpassen sollte man einen Auftritt des* ***Bangarra Dance Theater,*** *einem Weltklasse-Ensemble, das Aboriginal-Themen mit modernster Tanzkunst umsetzt (www.bangarra.com.au).*
- *Nebst entspechenden Produktionen der* ***Sydney Theatre Company*** *(www.sydneytheatre.com.au) stehen auch solche des renomierten* ***Belvoir Theatre*** *in Surry Hills für einen authentischen Einblick in das Leben der Sydneysider.*

werden immer seltener, schließlich reisen die Meisten mit Smartphone und brauchen nur noch WLAN.

Kostenloses WLAN *(free WiFi)* gibt es z. B. bei McDonald's, Starbucks, Gloria Jean's (Café-Kette), am Circular Quay 8, Sydney Airport, Sydney Ferries, Manly Ferries, vielen Museen, im Customs House 9, der State Library of NSW und anderen Bibliotheken. Viele andere **Cafés** und **Restaurants** bieten ihren Kunden auf Nachfrage WLAN-Zugang.

Die Stadt hatte 2015 den Beschluss gefasst, endlich kostenloses WLAN im ganzen CBD-Bereich einzurichten, aber seitdem hört man nichts mehr von konkreten Plänen.

Medizinische Versorgung

Die medizinische Versorgung ist in Sydney hervorragend. **Medikamente** und eine **Beratung** erhält man in der **Apotheke** *(pharmacy/chemist)*, die man in jedem Einkaufszentrum findet. Viele Medikamente, z. B. leichte Schmerzmittel, Hustensaft oder Vitamine, sind auch im Supermarkt oder *convenience store* erhältlich.

Ärzte und Krankenhäuser

Ist man ernsthaft verletzt oder glaubt, dass ein operativer Eingriff nötig sein könnte, sollte man die **Notaufnahme** *(emergency)* eines Krankenhauses aufsuchen. Ansonsten kann man auch eine **Gemeinschaftspraxis** *(medical centre)* besuchen.

Deutsche, Schweizer und Österreicher müssen **Arztrechnungen** vor Ort zunächst **in bar bezahlen** und dann später mit der **Reisekrankenversicherung** (s. S. 129) abrechnen. Eine viertelstündige Konsultation kostet ca. 80–90 $ (oftmals bar zu zahlen).

Staatliche Krankenhäuser

- 152 [II] **Manly Hospital,** Darley Rd, Manly, Tel. 99769611
- 153 [I] **Prince of Wales Hospital,** High St, Randwick (Nähe Bondi Beach), Tel. 93822222
- 154 [F3] **Sydney Hospital & Sydney Eye Hospital,** 8 Macquarie St, Tel. 93827111
- 155 [II] **Bear Cottage,** 2 Fairy Bower Rd, Manly, Tel. 99768300. Kinderkrankenhaus.
- 156 [I] **Sydney Children's Hospital,** High St, Randwick (Nähe Bondi Beach), Tel. 93821111. Kinderkrankenhaus.

Medical Centres

- 157 [C6] **Broadway General Practice,** Broadway Shopping Centre, 1. Stock, Bay St, Glebe, Tel. 82451500, www.broadwaygeneralpractice.com.au
- 158 [F5] **CBD Medical Centre,** 242 Castlereagh St, Tel. 92680133, www.sydneycbdmedicalcentre.com.au
- 159 [E5] **Dental Clinic @ World Tower,** 87–89 Liverpool St, 11. Stock, Suite 1104, Tel. 92690514, www.bestdentist.com.au. Zahnärztliche Behandlungen.
- 160 [D3] **Sydney Dental Health,** Macquarie Bank, Erdgeschoss, 1 Shelley St, Tel. 92995345, www.sydneydentalhealth.com.au. Zahnärztliche Behandlungen.

Apotheke

- 161 [E5] **Priceline Pharmacy World Square,** 644 George St, City, Tel. 92680042, www.priceline.com.au (für weitere Filialen), geöffnet: Mo.–Fr. 8.30–23, Sa. 9–23, So. 11–23 Uhr

Im Luna Park (s. S. 22) ist jeden Tag etwas los

Mit Kindern unterwegs

Sydney hat auch für Kinder viel zu bieten. Die Stadt ist von viel **Grün** und von **Stränden** mit endlosen Wassersportmöglichkeiten umgeben und hat viele Attraktionen und Museen, die geradezu für Kinder gemacht sind.

Bei den öffentlichen Verkehrsmitteln, Sehenswürdigkeiten und Attraktionen gibt es für Kinder von 4 bis 15 Jahren **Ermäßigungen** *(concession)* von ca. 50 %, unter 4 Jahren ist der Eintritt in der Regel frei. Darüber hinaus gibt es bei Sehenswürdigkeiten fast immer attraktive **Familientarife,** die üblicherweise für zwei Erwachsene und zwei zahlpflichtige Kinder gelten.

- 23 [F5] **Australian Museum.** Hier ist man Auge in Auge mit tasmanischen Tigern, Beutelteufeln, Spinnen, Schlangen und vielen anderen australischen Tieren (ausgestopft oder anders präpariert). Außerdem gibt es funkelnde Mineralien und noch mehr naturkundliche Besonderheiten Australiens zu sehen.
- 37 [D4] **Australian National Maritime Museum.** Expeditionen zur Antarktis, Weltumsegelungen, U-Boote und alte Schiffe – das Schifffahrtsmuseum fasziniert junge Abenteurer.
- › **Bridge Climb** (s. S. 22). Eine aufregende Besteigung der Sydney Harbour Bridge für alle Schwindelfreien ab 10 Jahren.
- 10 [F2] **Justice & Police Museum.** Rechtsprechung zu Zeiten der Strafgefangenenkolonie und Einblicke in das Leben der berühmten *bushranger* (Buschräuber) finden vor allem Teenager interessant, die gerne Krimis schauen.
- › **Luna Park** (s. S. 22). Die Attraktionen dieser permanenten Kirmes an Milson's Point sind vor allem für Teenager und Erwachsene gedacht, aber auch die Allerkleinsten kommen auf ihre Kosten.
- •162 [II] **Little Manly Cove.** Kleiner familienfreundlicher Badestrand mit Spielplatz und Kiosk in Manly.
- 34 [D4] **Madame Tussauds.** Das Wachsfigurenkabinett zeigt berühmte australische und internationale Persönlichkeiten.
- › **McIvers (Women's) Baths** (s. S. 62). Meeresfreibad für Frauen und kleine Kinder in Coogee (keine Männer gestattet).

› **Nielsen Park** (s. S. 87). Toller Badestrand am Rand eines schönen Parks mit praktischem Kiosk-Café in Vaucluse.

32 [D5] **Powerhouse Museum.** Das größte Museum der Stadt stellt vor allem die Geschichte der technischen Errungenschaften vor.

EXTRAINFO

Verhalten bei Bissen und Stichen

Bei allen Stichen oder Bissen von Schlangen, Trichternetzspinnen (Funnel-web spiders), Mausspinnen (Mouse spiders), Blau-Ring-Oktopoden (Blue-ringed octopuses), Konusmuscheln (Cone shells) und Stachelrochen (Stingrays) sollte man einen Druckverband anlegen. Man bandagiert das Körperteil von unterhalb der Bisswunde in Richtung Herz so fest und so weit wie möglich, als sei es ein verstauchter Knöchel und baut eine Schiene ein, damit das Körperteil nicht mehr bewegt wird. Der Verletzte muss so schnell wie möglich ins Krankenhaus gebracht werden.

Auf keinen Fall darf die Wunde gewaschen werden, denn anhand der Giftreste auf der Hautoberfläche kann die Tierart und somit das u. U. notwendige Gegengift schneller bestimmt werden.

› **Vergiftungszentrum** (NSW Poisons Information Centre): Tel. 131126

Notruf

› **Notruf:** Tel. 000
› **Suchdienst** (Search and Rescue): zur See Tel. 1800641792 (mit europäischem Handy 0061262306811) und aus der Luft Tel. 1800815257 (mit europäischem Handy Tel. 0061262306899)

12 [F2] **Royal Botanic Gardens.** Hier kann man sich austoben, Verstecken spielen, Ibisse und Flughunde bewundern oder eine kleine Rundfahrt mit einem Minizug auf Rädern machen.

35 [D4] **Sea Life Aquarium Sydney.** Die faszinierende Unterwasserwelt legt den Schwerpunkt auf die Bewohner australischer Gewässer.

3 [E2] **Sydney Observatory.** Ehemalige Sternwarte mit Teleskop und Blick in den australischen Sternenhimmel: alles zu Milchstraße, Kreuz des Südens und viel Astronomiegeschichte.

› **Taronga Zoo** (s. S. 28). Hier sieht man mehr australische Tiere als nur Känguru, Koala und Krokodil. Ein Muss!

36 [D4] **Wild Life Zoo.** Wenn man keine Zeit für den Taronga Zoo hat, kann man hier einen Teil der australischen Tierwelt auf kleinem Areal hautnah kennenlernen.

› **Spielplätze,** z. B. in unmittelbarer Nähe des Hotels, kann man sich unter www.cityofsydney.nsw.gov.au mit dem Suchbegriff „Playgrounds" anzeigen lassen.

› Ein weiteres Highlight sind **Fahrten mit der Fähre,** z. B. nach Manly, Watson's Bay oder auch nur nach Darling Harbour (s. S. 120).

› Sind die Kinder über 10 Jahre alt und seefest, ist ein **Segeltörn** sicherlich ein einmaliges Erlebnis (s. S. 119).

Notfälle

Egal, ob man einen Krankenwagen, die Polizei oder die Feuerwehr braucht, man wählt im Notfall immer die **Notfallnummer 000!** Wie man sich bei einem Schlangen- oder Spinnenbiss verhält, erfährt man im Infokasten links.

163 [E2] **Police Station The Rocks,** 132 George St, Tel. 82206399

- **Polizei** (Police Assistance Line): Tel. 131444 (keine Notrufe), auch bei Verlust von wichtigen Dokumenten und Verdacht auf Diebstahl

Karten- oder Ausweisverlust

Bei **Verlust der Debit-(EC-)** oder der **Kreditkarte** gibt es für Kartensperrungen eine **deutsche Zentralnummer** (unbedingt vor der Reise klären, ob die eigene Bank diesem Notrufsystem angeschlossen ist). **Aber Achtung:** Mit der telefonischen Sperrung sind die Karten zwar für die Bezahlung/Geldabhebung mit der PIN gesperrt, nicht jedoch für das **Lastschriftverfahren mit Unterschrift.** Man sollte daher auf jeden Fall den Verlust zusätzlich **bei der Polizei zur Anzeige bringen,** um gegebenenfalls auftretende Ansprüche zurückweisen zu können.

In **Österreich** und der **Schweiz** gibt es keine zentrale Sperrnummer, daher sollten sich Besitzer von in diesen Ländern ausgestellten Debit-(EC-) oder Kreditkarten vor der Abreise bei ihrem Kreditinstitut über den zuständigen Sperrnotruf informieren.

Generell sollte man sich immer die **wichtigsten Daten** wie Kartennummer und Ausstellungsdatum **separat notieren,** da diese unter Umständen abgefragt werden.

- **Deutscher Sperrnotruf:** Tel. +49 116116 oder Tel. +49 3040504050
- **Weitere Infos:** www.kartensicherheit.de, www.sperr-notruf.de

Wird der **Reisepass** oder **Personalausweis** im Ausland **gestohlen,** muss man den Verlust bei der örtlichen Polizei melden. Darüber hinaus sollte man sich an die nächste diplomatische Auslandsvertretung (s. S. 104) seines Landes wenden, damit man einen Ersatzausweis ausgestellt bekommt.

Fundbüro

Falls das **Gepäck** nach dem Flug nicht auf dem Gepäckband erscheint, sollte man den Verlust direkt bei seiner Airline melden. Wenn man etwas in den Terminals verliert, wendet man sich an Lost Property Sydney Airport.

- **Lost Property Sydney Airport,** Tel. 133793, lost.property@syd.com.au (International Terminal T1), lost.property.t2@syd.com.au (Domestic Terminal T2), Tel. 99529312 (Domestic Terminal T3, Qantas Airways)

Für **an anderen Stellen** verlorengegangene Dinge kann man sich an die unten genannten Stellen wenden, ansonsten hilft die Polizei (s. S. 114).

- **Sydney Buses,** je nach Busdepot, nachschlagbar unter www.sydneybuses.info/lost-property
- **Sydney Ferries,** Tel. 81133002, Jt3reception@harbourcityferries.com.au, Lost Property Office, Circular Quay Wharf 3, Mo.–Fr. 7.30–15.30 Uhr
- **(Wasser)taxis,** je nach Firma (s. S. 128)
- **Sydney Light Rail (Transdev Sydney),** Tel. 85845288 (Mo.–Fr. 8.30–17 Uhr)
- **Sydney Trains,** Tel. 93793341, Mo.–Fr. 8–17 Uhr
- **Airport Line** (Bahnhof an Airport International oder Airport Domestic), Tel. 83378417 (Mo.–Fr. 9–17 Uhr), 83378400 (außerhalb der Bürozeiten)

Post

Australia Post unterhält Filialen in der ganzen Stadt. Die Öffnungszeiten variieren zwar je nach Filiale, aber die Kernöffnungszeit ist Mo. bis Fr. 9 bis 17 Uhr und manchmal Sa. 10 bis 14 Uhr.

✉**164** [E3] **Australia Post,** 1 Martin Pl, City, Mo.–Fr. 8.15–17.30, Sa. 10–14 Uhr

Briefkästen sind ca. 1,50 m hoch und knallrot bzw. gelb für Express Post. Man darf hier ausschließlich reine Briefpost einwerfen! Wenn man etwas anderes versenden möchte, muss man es in einer Poststelle abgeben und für den Zoll auch genaue Angaben (in englischer Sprache) machen, was enthalten ist.

Das **Luftpostporto** (ca. 6 Werktage) für einen Brief bis 50 g beträgt 2,95 $, für Briefe (260 x 360 x 20 mm) bis zu 250 g 8 $. Ein Brief der gleichen Größe bis zu 500 g kostet 18 $. Weitere Tarife kann man unter www.auspost.com.au (Stichwort „Parcels & Mail", „Sending Overseas") nachsehen.

Schwule und Lesben

In Sydney gehören Schwule und Lesben im Grunde nicht gesondert genannt, denn die Stadt ist in dieser Hinsicht eine der tolerantesten der Welt. Jährliches Highlight der **LGBT- bzw. LGBTQI-Szene** (LGBT steht für Lesbian, Gay, Bisexual, Transgender, Queer or Questioning and Intersex) ist sicher der **Mardi Gras** in Darlinghurst, eine der weltweit größten Gay-Pride-Paraden. Was Bars, Restaurants oder Unterkünfte anbelangt, muss man nicht nach LGBT-freundlichen Häusern suchen, auch wenn sich viele davon in den **LGBT-Hochburgen** Darlinghurst, Kings Cross 39, Enmore, Erskineville und Newtown mit dem typischen **Regenbogen-Sticker** ausweisen.

Traditionell ist die **Schwulenszene** u. a. in **Darlinghurst** zu Hause. Neue Klubs machen hier aber schon lange nicht mehr auf, einige alte, wie das Stonewall, bleiben gern besuchte Urgesteine. Die Bar- und Klubszene ist ebenso wie andere innerstädtische Klubs von den Lock-out-Gesetzen betroffen (siehe auch Golden Mile 41). Insgesamt hat sich die LGBT-Szene jedoch verändert und dezentralisiert. Zwar gibt es noch hier und da bestimmte Themen-Partys wie Abende mit Drag-Shows, aber die Lesbenabende, die es früher gab, gibt es immer seltener.

165 [G6] **ARQ**, 16 Flinders St, Darlinghurst, www.arqsydney.com.au, Eintritt: bis zu 25 $. Do.–So. verschiedene DJs und Dragshows. Bei der Gay-Szene beliebt.

EXTRATIPP

Ideal zum Hineinschnuppern

- **www.starobserver.com.au.** Internetversion des kostenlosen Szeneblattes Sydney Star Observer mit Nachrichten und Tipps für die LGBT-Szene (siehe u. a. Rubrik „Arts&Entertainment, „What's On").
- **www.lotl.com.** Internetversion des kostenlosen Szeneblattes Lesbians on the Loose mit Nachrichten und Tipps für die Lesben-Szene.
- **www.gaysydney4u.com.** Bars, Klubs, Hotels, Saunas – kommentierte Adressen für Homosexuelle in Sydney.
- **http://sydney.gaycities.com.** Infos zu Bars, Klubs, Events, Hotels und Shops.
- **www.samesame.com.au.** Gute Website mit Nachrichten aus der LGBT-Szene, aber auch Veranstaltungskalender für Sydney unter „What's On".

Der sich ständig wandelnde Taylor Square [G6] in Darlinghurst ist das Zentrum des „schwulen Sydney"

166 [I] **Bank Hotel,** 324 King St, Newtown, Sydney, Mo.–Mi. 11–1, Do. 11–2, Fr./Sa. 11–4, So 11–24 Uhr. Trains: Newtown, www.bankhotel.com.au. Eine bei der Szene anhaltend beliebte Livemusikbühne und Bierbar mit *boutique beers.*

167 [F5] **Slide Lounge,** 41 Oxford St, Darlinghurst, www.slide.com.au. Varieté, Konzerte, Comedy und exklusive, französisch inspirierte Dinner.

168 [I] **Sly Fox Hotel,** 199 Enmore Rd, Enmore, Sydney Trains: Newtown, www.slyfox.sydney. Ein typischer Pub mit täglichen Themenabenden, u.a. Mi. spezielle Lesbenabende (So. und Mo. geschlossen).

169 [G6] **Stonewall Hotel,** 175 Oxford St, Darlinghurst, www.stonewallhotel.com. Ikone unter den Gay-Bars mit regulären Dragshows und Partythemen, in der sich alle Altersstufen der Szene auf drei Etagen austoben.

Sicherheit

In Bezug auf die **Kriminalität** ist Sydney mit Großstädten wie Hamburg, Berlin, Wien oder Amsterdam vergleichbar. Es gibt also keinen Grund zur Sorge, wohl aber zur üblichen Vorsicht. Bei größeren Menschenansammlungen sollte man sich vor **Taschendieben** in Acht nehmen und seine Wertsachen möglichst im Hotelsafe einschließen.

Prostitution und **Drogenhandel** sind in Kings Cross und East Sydney immer noch allgegenwärtig, allerdings werden die Viertel auch immer mehr saniert und den Aktivitäten ein Riegel vorgeschoben.

Sport und Erholung

Baden und Schwimmen

Wem das Meer und die Meeresfreibäder wie Bondi Icebergs (s. S. 58) und Wylie's Baths (s. S. 62) zum Schwimmen nicht ausreichen, wird hier fündig (meist schließen die Freibäder Ende April bis Anfang September eine Stunde eher als angegeben):

S170 [G2] **Andrew (Boy) Charlton Pool,** Mrs. Macquaries Rd (am Rande des Botanischen Gartens), www.abcpool.org, geöffnet: tägl. 6–20 Uhr, Eintritt: 6,40 $. Mit beheiztem 50-m-Freibad, kleinem Übungsfreibad, Fitnessraum und dem Poolside Café (s. S. 76).

S171 [F4] **Cook & Phillip Park Aquatic and Fitness Centre,** 4 College St (am Rande von Hyde Park), www.cookandphillip.org.au, geöffnet: Mo.–Fr. 6–22, Sa./So. 7–20 Uhr, Eintritt: 7,40 $. Beheiz-

046sy Abb.: eg

tes 50-m-Hallenbad, Spaßbad mit Wellenmaschine und Flusslauf, Café und Kinderspielecke.

S172 [D5] **Ian Thorpe Aquatic and Fitness Centre,** 438–484 Harris St, Darling Harbour, www.itac.org.au, geöffnet: Mo.–Fr. 6–22, Sa./So. bis 20 Uhr, Eintritt: 7,40 $ (20,30 $ inkl. Fitnessräume, 14 $ für die Sauna). Beheiztes 50-m-Hallenbad mit Whirlpool, Sauna und Fitnesszentrum.

S173 [I] **North Sydney Olympic Pool,** 4 Alfred St South (neben Sydney Harbour Bridge), North Sydney, geöffnet: Mo.–Fr. 5.30–21, Sa./So. 7–19 Uhr, www.northsydney.nsw.gov.au/Recreation_Facilities, Eintritt: 7,80 $, mit Sauna und Spa 12,30 $. 50-m-Freibad mit außergewöhnlichem Blick auf die Harbour Bridge und Sydney.

S174 [C7] **Victoria Park Pool,** City Rd (Ecke Parramatta Rd), Glebe, www.vppool.com.au, geöffnet: Mo.–Fr. 6–20, Sa./So. 7–20 Uhr (Fitness bis 20 Uhr), Eintritt: 7,40 $. Beheiztes 50m-Freibad und Kleinkindpool.

Surfen

Besonders zum Surfen geeignete Strände in Citynähe sind **Bondi Beach** 50, **Tamarama Beach** 51 und **Bronte Beach** 52. Wenn man genau wissen will, wann es wo ideale Surfbedinungen gibt, installiert man am besten die populäre App **Surfstitch Surf Check** (2,99 € für iOS, 1,93 € für Android).

Ausrüstung kann man in Bondi Beach entlang der Campbell Pde kaufen oder mieten, in Manly in den Shops an der South Steyne oder der Pittwater Rd.

S175 [III] **Let's Go Surfing,** 128 Ramsgate Av, North Bondi, Tel. 93651800, www.letsgosurfing.com.au. Surfkurse ab 110 $ für 2 Stunden. Hier wird alles vermietet, was man zum Surfen braucht (ab 12 Jahren).

S176 [II] **Manly Surf School,** North Steyne Surf Lifesaving Club, Manly, Tel. 99327000, www.manlysurfschool.

EXTRAINFOS

Slip, Slop, Slap!

Die **UV-Strahlung** ist in Australien viel aggressiver, verursacht nachweislich Hautkrebs und kann einem auch einen gehörigen Sonnenstich verpassen. Daher „Slip, Slop, Slap: slip on a shirt, slop on some sunscreen, slap on a hat" – ein **Shirt** anziehen, **Sonnencreme** auftragen und einen **Hut** aufsetzen! Nicht vergessen: Ausreichend **Wasser trinken!**

Zwischen den Flaggen schwimmen

2014 ertranken 64 Menschen an australischen Stränden und Rettungsschwimmer waren bei rund 11.000 Rettungen im Einsatz. Selbst die besten Schwimmer können durch Unterströmungen weit von der Küste abgetrieben werden. Halten Sie sich daher an die **Empfehlungen der Rettungsschwimmer:**

- Nur an **bewachten Strandabschnitten** (in den Sommermonaten meist von 8 bis 18 Uhr) **zwischen den gelb-roten Flaggen** schwimmen. Hier ist man vor tückischen Strömungen sicher.
- Wenn einem etwas im Wasser passiert, **Ruhe bewahren, sich treiben lassen, winken,** um auf sich aufmerksam zu machen, und **auf Hilfe warten.** So hält man am längsten durch.
- Für weitere Tipps von Surf Life Saving Sydney siehe www.surflifesavingsydney.com.au/lifesaving/surf-safety

com. Surfunterricht ab 70 $ für 2 Stunden, auch SUP *(Stand Up Paddling)*.

SUP (Stand Up Paddling)

S177 [I] **Oz SUP Centre Rose Bay,** Bootsanleger Woollahra Sailing Club, 2 Vickery Av, Rose Bay, Tel. 18007826387, www.ozsup.com.au. Unterricht in Rose Bay ab 40 $ für eine Stunde Gruppenunterricht.

Tauchen und Schnorcheln

Rund um den Hafen gibt es verschiedene Tauch- und Schnorchelmöglichkeiten (oft auch preiswerte Angebote ab 195 $). Gute **Tauchveranstalter** sind:

S178 [II] **Dive Centre Manly,** Tel. 99774355, www.divesydney.com.au. Tauchkurs ab 495 $.

S179 [IV] **Pro Dive (Coogee und Manly),** Tel. 96656333, www.prodive.com.au. Dreitägiger Tauchkurs ab 399 $ (manchmal auch besondere Angebote ab 249 $).

Segeln

Wer gern bei einem echten Segeltörn dabei sein möchte, egal ob man mit anpacken oder einfach nur dabei sein will, kann telefonisch bei folgenden Anbietern buchen:

S180 [C3] **Explore,** Tel. 1300670008 oder 96609133, www.exploregroup.com.au. Zweieinhalb- bis dreistündiger Segeltörn auf einer 75-Fuß-Segeljacht ab Wharf 9, King St Wharf, Darling Harbour, ab 129 $. Man braucht Turnschuhe mit weißen Sohlen, einen warmen Pullover oder eine Jacke, Hut, Sonnenmilch und Sonnenbrille und sollte eine Kamera mitbringen. Es ist keine Erfahrung im Segeln erforderlich. Kinder ab 10 Jahren dürfen in Begleitung eines Erwachsenen an Bord.

S181 [D3] **Sydney Heritage Fleet,** Tel. 92983888, www.shf.org.au. Segeltörn mit historischem Nachbau der James Craig für 170 $, Sa./So. um 9.30 Uhr ab Wharf 7, Maritime Heritage Centre (Rückkehr um 16 Uhr). Kinder ab 12 Jahren dürfen in Begleitung eines Erwachsenen an Bord. Hier gibt es auch aufwendigere Törns.

› Aufwendigere 5- bis 10-tägige Segeltörns auf der detailgetreu nachgebauten **HMB Endeavour** kann man über das Australian National Maritime Museum 37 buchen (hmbendeavour@anmm.gov.au, Tel. 92983627). Einfache Fahrt ab 1500 $ als vollwertiges Crew-Mitglied oder ab 2500 $ als reiner Passagier.

EXTRAINFO

Aussie Rules

„Aussie Rules" ist eine ganz und gar australische **Sportart mit Vollkontakt,** die vor allem in Victoria heimisch ist, denn 10 der 17 Klubs der **Australian Football League** kommen von dort, außerdem je zwei aus Queensland, South Australia und Western Australia sowie ein Klub aus Sydney. Zwei Teams von je 18 Mann rennen ohne besondere Schutzkleidung auf dem Feld mit zwei Toren, die durch je zwei 6 m und zwei 3 m hohe senkrechte Pfähle markiert werden, hinter einem eiförmigen Ball her.
Den Ball dürfen sie nach bestimmten Regeln **mit Fuß oder Hand** schießen bzw. werfen sowie beim Rennen für maximal 15 Meter in der Hand halten, bevor sie ihn wieder aufprellen lassen. Die professionelle Australian Football League Grand Final ist neben dem Super Bowl in den USA die weltweit bestbesuchte Vereinsmeisterschaftsveranschaltung, die seit Jahren rund 100.000 Zuschauer ins Stadium lockt.

Rugby, Cricket, Australian Football

Wer die **Volkssportarten** Rugby, Cricket oder Australian Football (Footie) live miterleben möchte, kann bei den Ticketek-Büros (s. S. 110) Karten kaufen. Im Sommer sind die Stadien Austragungsort für Cricketspiele, im Winter für Footie und Rugby.

- S182 [I] **ANZ Stadium,** Edwin Flack Av, Sydney Olympic Park, www.anzstadium.com.au
- S183 [H7] **Sydney Cricket Ground (SCG) & Sydney Football Stadium,** Driver Av, Moore Park, www.sydneycricketground.com.au

Fitness und Sport allgemein

Sydneys Strände bieten genug Möglichkeiten zum Fitnesstraining und zur Erholung. Möchte man jedoch eine Runde Tennis, Squash, Basketball oder Golf spielen, Fahrrad fahren, Reiten oder Inlineskaten, kann man all dies in den **Centennial Parklands** und im angrenzenden **Moore Park** in Paddington tun, wo man das eventuell benötigte Equipment mieten kann.

- •184 [I] **Centennial Parklands,** Moore Park Rd, Paddington, www.centennialparklands.com.au

Sprache

Britisches, amerikanisches, irisches, schottisches, walisisches, indisches Englisch, Singapur-Englisch, internationales Englisch – in Sydney verstehen die Australier im Großen und Ganzen alle Variationen der englischen Sprache, aber geantwortet wird vom waschechten Australier in **australischem Englisch**, und das kann schon einmal zu Verwirrungen führen. Ein Einlesen in die Besonderheiten des australischen Dialekts bzw. des spezifisch australischen Wortschatzes ist daher auch für den Kurzurlauber sinnvoll. Dafür bieten sich z. B. die Bücher „Englisch für Australien" und „Australian Slang" aus der Reihe Kauderwelsch des Reise Know-How Verlags an.

Eine Liste mit hilfreichen Begriffen ist außerdem auf Seite 132 zu finden.

Stadttouren

Führungen gibt es täglich von **I'm Free Walking Tours** (es wird am Ende um eine freiwillige Spende gebeten): eine 2½- bis 3-stündige Führung ab Town Hall (21) (George St, zwischen Sydney Town Hall und St Andrew's Cathedral, tägl. 10.30/14.40 Uhr) und eine 1½-stündige Führung durch The Rocks (tägl. 18 Uhr, Cadman's Cottage, s. S. 18, Wasserseite). Die Guides erkennt man an ihren grünen Shirts (www.imfree.com.au/sydney).

Hafenrundfahrten

Es gibt verschiedene private Anbieter, die Hafenrundfahrten ab 45 $ oder sogenannte „Hop on Hop off"-Tickets inkl. Eintritt zu einer Sehenswürdigkeit (z. B. Taronga Zoo, Sea Life Aquarium, Sydney Tower Eye, Wild Life Zoo, Manly Sea Life Aquarium oder Madame Tussauds) ab 46 $ anbieten.

Es gibt natürlich auch *Cruises* zu Silvester, zum Sydney-to-Hobart-Jachtrennen, zum Australia Day oder auch zur Walbeobachtung.

- •185 [D4] **Captain Cook Cruises,** Wharf 6, Circular Quay, auch King St Wharf, Darling Harbour, Tel. 92061111 oder 1800804843, www.captaincook.com.au

- **Eco Hopper,** u. a. von Darling Harbour, Circular Quay und Manly Wharf, Tel. 95831199, www.sydneyharbourecohopper.com.au. Sie bieten auch Walbeobachtungstouren ab 51 $ für 2½ Std. an.

•186 [C4] **Vagabond Cruises,** Eastern Pontoon, Circular Quay, auch King St Wharf 8, Darling Harbour, Tel. 1300862784 oder 96600388, www.vagabond.com.au, Kosten: ab 65 $. Im Angebot bei Vagabond Cruises sind 3- bis 3½-stündige Hafenrundfahrten mit Shows und Livemusik (es gib auch eine 6-stündige Silvester-Cruise ab 550 $), Walbeobachtungstouren (im Winter ab 94 $ für 4 Std.).

Fahrradtouren

•187 [E2] **Bonza Bike Tours,** 30 Harrington St, The Rocks, Tel. 92478800, www.bonzabiketours.com. Bonza Bike Tours bieten vier Radführungen durch Sydney an. Zu empfehlen sind die „Sydney Classic Tour" (Mo., Mi., Fr., Sa. 10.30 Uhr, Dauer: 4 Std., 119 $) oder die „Manly Beach & Sunset Cruise" (Okt.–März Mo., Fr., Sa. um 15.15 bzw. Apr.-Sep. 14.15 Uhr, Dauer: 4 Std., 149 $). Man kann hier auch Fahrräder mieten und auf eigene Faust losziehen.

Telefonieren

Das eigene **Mobiltelefon** lässt sich auch in Australien problemlos nutzen, allerdings geht dies wegen der Roaminggebühren ins Geld. Das gilt besonders für die Nutzung von Datenpaketen. Rechnungen mit vierstelligen Summen nach 14 Tagen Urlaub und 20 MB pro Tag sind keine Ausnahme! Diese Kosten kann man umgehen, wenn man sich auf SMS beschränkt (der Empfang ist i. d. R. kostenfrei) und per Email, Skype bzw. Facetime oder WhatsApp über eine kostenlose WLAN-Verbindung kommuniziert.

Vorwahlen

- für **Deutschland:** Tel. 01149
- für **Österreich:** Tel. 01143
- für die **Schweiz:** Tel. 01141
- für **Australien:** Tel. 0061
- für **Sydney:** Tel. 02 (aus Australien) bzw. Tel. 00612 (vom Ausland aus)

Falls das Mobiltelefon SIM-lock-frei ist und man innerhalb Australiens **viele Gespäche** führen muss, kann man sich auch eine **örtliche Prepaid-SIM-Karte** (Prepaid SIM only) besorgen. Die gibt es in *convenience stores,* bei der Post und im Supermarkt u. a. von Vodafone, Optus, Amaysim, Virgin oder Telstra. Man hat dann jedoch eine andere Rufnummer.

Uhrzeit

Bei Anrufen von und nach Australien sollte man die **Zeitverschiebung** berücksichtigen: Sydney ist der Mitteleuropäischen Zeit von Anfang April bis Anfang Oktober 8 Std., von Anfang Oktober bis Ende Oktober und Ende März bis Anfang April 9 Std. und von Ende Oktober bis Ende März 10 Std. voraus.

Unterkunft

Sydney bietet Unterkünfte in allen Preisklassen. In diesem Abschnitt werden Hotels vorgestellt, deren Service und Lage besonders zu empfehlen sind und die nicht mehr als 160 € pro Nacht kosten. Teurere Hotels lassen sich bei Bedarf leicht finden.

Preiskategorien
Die angegebenen Preiskategorien für Hotels beziehen sich auf die günstigsten Angebote für eine Nacht im Doppelzimmer außerhalb der Hochsaison und bei frühzeitiger Buchung (online auf der eigenen Website oder über unten genannte Buchungsmaschinen).

Frühstück ist oftmals nicht inbegriffen. Dafür werden bei $$$-Hotels ca. 30 $ pro Zimmer zusätzlich berechnet.

$	70–140 $ (50–100 €)
$$	140–180 $ (100–130 €)
$$$	180–250 $ (130–180 €)

Ist ein Hotel nicht vollständig ausgebucht, werden die Zimmer oft **im Internet preiswerter** angeboten als normal (vor allem in der Nebensaison). Schnäppchen findet man z. B. unter:

- **www.booking.com, www.check-in.com.au.** Für Hotels und Apartments.
- **www.hostelbookers.com.** Für Hostels und Backpackers-Unterkünften.
- **www.wotif.com.** Für Backpacker, Hotels und Apartments.

Ausgewählte Hotels

Im Zentrum (CBD)

188 [F6] **57 Hotel** $$$, 57 Foveaux St, Tel. 90115757, www.57hotel.com.au. **Schlicht und teilweise mit Aussicht:** wenige Fußminuten vom Bahnhof entfernt im untouristischen Surry Hills. Mit Fitnessbereich.

189 [E5] **APX World Square** $$, 2 Cunningham St, Tel. 92911900, www.apxhotelsapartments.com. **Ein Traum für Eltern:** Babysitterservice buchbar! 72 geräumige Apartments mit Küche, Zugang zum Schwimmbad und zu den Fitnessräumen inklusive.

190 [E6] **Great Southern Hotel** $$, 717 George St, Tel. 92894400, www.greatsouthernhotel.com.au. **Mit dem Charme der guten alten Zeiten:** 167 Zimmer in denkmalgeschütztem Gebäude.

191 [E5] **Metro Hotel on Pitt** $$, 300 Pitt St, Tel. 92838088 oder 1800004321, www.metrohotels.com.au. **Restaurierter Altbau mit modernen Annehmlichkeiten:** 115 Zimmer für bis zu drei Personen mitten in CBD.

192 [E5] **Pensione Hotel** $$, 631–635 George St, Tel. 92658888 oder 1800885886, www.pensione.com.au. **Perfekt für 4-köpfige Familien:** mit praktischer Gemeinschaftsküche (68 Zimmer).

193 [E2] **Russell Hotel** $$$, 143a George St (Eingang in der Globe St, Ecke Nurse's Walk), The Rocks, Tel. 92413543, www.therussell.com.au. **Viktorianischer Charme:** Jedes der 29 Zimmer ist anders eingerichtet (mit/ohne Bad). Mit toller Dachterrasse.

194 [F5] **Song Hotel Sydney** $, 5–11 Wentworth Av, Tel. 92642451, www.songhotels.com.au. **Schlicht, aber preiswert:** 120 Zimmer für bis zu 4 Personen.

195 [E2] **Sydney Harbour Bed & Breakfast** $$, 140–142 Cumberland St, The Rocks, Tel. 92471130, www.bbsydneyharbour.com.au. **Denkmalgeschützt und charmant:** nur neun Zimmer, teils mit eigenem Bad. Auch Familienzimmer.

196 [D5] **The Glasgow Arms** $, 527 Harris St, Tel. 92112354, www.glasgowarms.com.au. **Zeitreise in die Ära der Pubhotels:** neun Zimmer schräg gegenüber dem Powerhouse Museum.

197 [F3] **Travelodge Phillip Street** $$$, 165 Phillip St, Tel. 93565062 oder 138642, www.tfehotels.com. **Ideal für Selbstversorger:** 86 schlichte Zimmer (für max. drei Personen) mit praktischer Miniküche mit Mikrowelle und Wasserkocher, sodass man durchaus kleine Mahlzeiten zubereiten kann.

198 [D6] **Vulcan Hotel** $$-$$$, 500 Wattle St, Darling Harbour, Tel. 92113283, www.vulcanhotel.com.au. **Schlichte Eleganz für Familien:** 46 Zimmer (für bis zu vier Personen) mit kleiner Küche.

In stadtnahen Vororten

199 [F6] **Cambridge Hotel** $$$, 212 Riley St, Surry Hills, Tel. 92121111 oder 1800251901, www.cambridgehotel.com.au. **Toller Blick vom Balkon:** 149 Zimmer in modern-schlichtem Hotel, manche mit Balkon.

200 [H4] **Holiday Inn Potts Point** $$$, 203 Victoria St, Potts Point, Tel. 93684000 oder 08000232420, www.holidayinnpottspoint.com.au. **Toller Ausblick aus den höheren Etagen:** 288 Zimmer und sieben Suiten mitten in Kings Cross.

201 [F5] **Hotel Stellar (Best Western)** $$, 4 Wentworth Av, Darlinghurst, Tel. 92649754 oder 1800025575, www.hotelstellar.com. **Perfekt für Selbstversorger:** 38 Apartments für bis zu sechs Personen, alle mit Miniküche inkl. Mikrowelle und Kühlschrank.

202 [H4] **Macleay Hotel** $$, 28 Macleay St, Potts Point, Tel. 93577755 oder 1800357775, www.themacleay.com. **Aussicht auf Hafen und City:** 80 einfache Apartments für ein bis drei Personen mit Miniküche. Schwimmbad und Barbecueanlage.

203 [H5] **Morgans Boutique Hotel** $$, 304 Victoria St, Darlinghurst, Tel. 83543444. **Toller Blick von der Dachterrasse:** 27 Apartments mit Küche für bis zu drei Personen. Online nur über Buchungsmaschinen buchbar, keine eigene Website.

204 [H4] **Quest Potts Point** $$, 15 Springfield Av, Potts Point, Tel. 89886999 oder 1800334033, www.questapartments.com.au. **Mit Dachterrasse zum Entspannen:** 68 komfortabel eingerichtete Apartments mit Miniküche. Von vielen Zimmern Aussicht auf die City.

EXTRAINFO

Buchungsportale

Neben den auf der linken Seite genannten Buchungsportalen für **Hotels** bzw. für **Hostels** gibt es auch Anbieter, bei denen man **Privatunterkünfte** buchen kann. Portale wie www.airbnb.de, www.wimdu.de oder www.9flats.com vermitteln Wohnungen, Zimmer oder auch nur einen Schlafplatz auf einer Couch. Diese oft recht günstigen Übernachtungsmöglichkeiten sind nicht unumstritten, weil manchmal normale Wohnungen gewerblich missbraucht werden. Wenn die Stadt regulierend eingreift, kann das zu kurzfristigen Schließungen führen. Auch gibt es vielfach versteckte Kosten und schlechte Stornobedingungen. Eine Buchung unterliegt also einem gewissen Restrisiko.

205 [H4] **Regent's Court** $$, 18 Springfield Av, Potts Point, Tel. 93312099, www.regentscourtsydney.com.au. **Nostalgie im Art-déco-Gebäude:** 25 bequeme, geräumige Apartments.

206 [F7] **Shakespeare Hotel** $, 200 Devonshire St, Surry Hills, Tel. 93196883, www.shakespearehotel.com.au. **Für Sparfüchse:** sieben Zimmer in einem klassischen Pubhotel. Jeden Tag gibt es im Untergeschoss eine 13,50-$-Mahlzeit.

207 [B5] **The Haven Glebe** $$, 196 Glebe Point Rd, Glebe, Tel. 96606655, www.havenhotel.com.au. **Fitness inklusive:** 54 komfortable, einfache Zimmer mit Wasserkocher und Minikühlschrank (max. zwei Erw. und ein Kind unter 12 J.).

208 [G5] **The Kirketon** $$, 229 Darlinghurst Rd, Darlinghurst, www.kirketon.com.au, Tel. 93322011 oder 1800332920. **Edel-elegant und in bester Nightlife-Lage:** kleines Hotel mit nur 40 Zimmern am Rand von Kings Cross.

047sy Abb.: eg

EXTRATIPP

Jugendherberge

Ist man bereits im Besitz eines **internationalen Jugendherbergsausweises** aus seinem Heimatland, schläft man auch in Sydneys Jugendherbergen (Youth Hostel Australia, www.yha.com.au) zu günstigeren Tarifen, wenn man direkt bei der Jugendherberge bucht (nicht über andere Buchungsportale). Hat man keinen Jugendherbergsausweis, kann man in Australien bei jeder Jugendherberge eine internationale YHA-Mitgliedschaft erwerben.

🏨 **209** [F5] **Travelodge Sydney** $$$, 27 Wentworth Av, Darlinghurst, Tel. 93565062, www.tfehotels.com. **Inklusive Fitnesscenter:** 406 Zimmer mit Miniküche inkl. Mikrowelle und Kühlschrank sowie Schreibtisch.

In den Strandvororten

🏨 **210** [IV] **Coogee Bay Hotel** $$, 9 Vicar St, Coogee, Tel. 96650000, www.coogeebayhotel.com.au. **Mit Meerblick:** Gutes Hotel der „alten Art", d. h. Pub, Hotel und Restaurant in einem. 74 Zimmer.

🏨 **211** [IV] **Coogee Sands Hotel and Apartments** $$, 161 Dolphin St, Coogee, Tel. 96658588, www.coogeesands.com.au. **Dachterrasse mit Barbecue-Anlage.** Angenehm ausgestattete Zimmer mit Miniküche, fast unmittelbar am Strand.

🏨 **212** [IV] **Dive Hotel** $$, 234 Arden St, Coogee , www.divehotel.com.au, Tel. 96655538. **Meerblick und persönlicher Touch:** ein wirklich hübsches Hotel mit toller Aussicht. 14 Zimmer, viele davon mit Miniküche.

🏨 **213** [III] **Hotel Bondi** $$$, 178 Cambell Pde, Bondi Beach, Tel. 91303271, www.hotelbondi.com.au. **Traditionsreich und am Strand gelegen:** 50 Zimmer mit Bad oberhalb einer der beliebsten Kneipen vor Ort, auch 3- und 4-Bett-Zimmer.

🏨 **214** [II] **Manly Paradise Beachfront Motel & Apartments** $$, Rezeption, 54 North Steyne, Manly, Tel. 99775799, www.manlyparadise.com.au. **Meerblick, Schwimmbad und Dachterasse:** 21 typische, ruhig gelegene Motelzimmer und 30 Apartments für 1 bis 5 Gäste.

🏨 **215** [II] **Novotel Sydney Manly Pacific** $$, 55 North Steyne Rd, www.novotel-manlypacific.com.au, Manly, Tel. 99777666. **Wellnesshotel direkt am Strand:** mit 214 Zimmern, Schwimmbad auf dem Dach, Sauna, Fitnessräumen und Whirlpool.

› **The Steyne Hotel** $ (s. S. 75), Tel. 99774977, www.hotelsteyne.com.au. **Pubhotelklassiker:** 26 Zimmer, manche mit eigenem Bad, auch Familienzimmer.

⊼ *Das Hotel Bondi ist ein Klassiker unter Sydneys Unterkünften*

Kleine Sprachhilfe Unterkunft

bathroom	Badezimmer
bunk bed	Etagenbett
dorm	Schlafsaal mit 2 bis 12 Betten (was man z. B. 12-share nennt)
double	Zimmer mit Doppelbett
ensuite	Dusche, Toilette, Waschbecken in einem kleinen Raum im Zimmer
king size bed	Doppelbett
self-contained	für Selbstversorger ausgestattet (Küche, Bad, Waschraum etc.)
serviced	Apartments, die wie Hotelsuiten ausgestattet sind und auch täglich gereinigt werden. Manchmal stellen sie sogar Frühstück bereit.
single	Zimmer für nur eine Person
shared (facilities/ bathroom)	ein Gemeinschaftsbadezimmer auf dem Gang bzw. oft zwei, für Männer und Frauen getrennt
triple	Dreierzimmer
twin	Zimmer mit zwei Einzelbetten, oftmals teurer als ein Zimmer mit Doppelbett
quadruple	Viererzimmer
queen size bed	französisches Doppelbett

Jugendherbergen und Backpackers

Jugendherbergen stehen Gästen jeden Alters offen. Neben regulären Doppelzimmern gibt es in Jugendherbergen und „Backpackers" auch Schlafsäle mit 1 bis 12 Betten, wobei es bei den meisten sowohl reine Frauen- als auch reine Männer- und gemischte Schlafsäle gibt. Eine Übernachtung im Schlafsaal ist bis zu 30% preiswerter, wenn man das Bett eine Woche lang anmietet. In den **Backpackers** findet man vorwiegend junge Menschen, denn oft sind dort nur Gäste von 18 bis 35 Jahren zugelassen.

Im Zentrum

216 [F6] **BIG Hostel** $, 212 Elizabeth St, Tel. 92816030 oder 1800212244, www.bighostel.com. **Barbecue auf begrünter Dachterrasse:** 25 Zimmer mit Bad (bis zu 6 Pers.) sowie 12 Schlafsäle (4 bis 8 Etagenbetten, ab 34 $ pro Bett).

217 [E6] **Railway Square YHA** $, 8–10 Lee St, Chinatown, Tel. 92819666, www.yha.com.au. **Wohnen in alten Zugwaggons oder im historischen Gebäude von 1904:** zehn DZ (zwei mit Bad), 54 Schlafsäle (vier bis acht Betten, ab 33 $/Bett) auf „Gleis Null" der Central Station.

218 [E6] **Sydney Central YHA** $, 11 Rawson Pl, Tel. 92189000, www.yha.com.au. **Preisgekrönt:** 54 DZ und 97 Schlafsäle (vier bis acht Betten, ab 36 $/Bett) direkt am Bahnhof mit und ohne Bad. Schwimmbad, Sauna, Gemeinschaftsküchen. Sauber und sicher.

219 [E2] **Sydney Harbour YHA** $, 110 Cumberland St, The Rocks, Tel. 82720900, www.yha.com.au. **Mit archäologischer Ausgrabungsstätte:** 255 Zimmer mit umwerfender Aussicht von der Dachterrasse, 2- bis 6-Bett-Zimmer (ab 38 $ pro Bett), alle mit Bad.

In stadtnahen Vororten

220 [B6] **Alishan International Guest House** $, 100 Glebe Point Rd, Glebe,

Tel. 95664048, www.alishan.com.au. **Großzügig und familiär:** 19 Zimmer und kleine Schlafsäle (ab 45 $ pro Bett), 14 davon mit Bad.

221 [H4] **Blue Parrot Backpackers** $, 87 Macleay St, Potts Point, Tel. 93564888, www.blueparrot.com.au. **Familiengeführte Backpacker-Unterkunft:** bei jungen Reisenden seit vielen Jahren gleichbleibend beliebt. 4-, 6-, und 10-Bett-Schlafsäle (ab 40 $ pro Bett). Keine Doppelzimmer. In Schlafsälen nur für Gäste zwischen 18 und 35 Jahren.

222 [H4] **Eva's Backpackers** $, 6–8 Orwell St, Potts Point, www.evasbackpackers.com.au, Tel. 93582185 oder 1800802517. **Sauberer Familienbetrieb mit Dachterrasse:** 31 Zimmer und Schlafsäle (4 bis 10 Betten, ab 39 $ pro Bett), manche mit eigenem Bad.

223 [A5] **Glebe Point YHA** $, 262–264 Glebe Point Rd, Glebe, Tel. 96928418, www.yha.com.au. **Klein und gemütlich:** 4 EZ, 17 DZ und 28 Schlafsäle (3 bis 5 Betten, ab 28,50 $ pro Bett) mit Gemeinschaftsbad.

224 [A5] **Glebe Village Backpackers** $, 256 Glebe Point Rd, Glebe, Tel. 96608878, www.hotelscombined.com.au (keine eigene Website mehr). **Studentische Atmosphäre:** 13 DZ und Schlafsäle (4 bis 10 Betten, ab 36 $ pro Bett).

225 [H4] **The Jackaroo Hostel** $, 107–109 Darlinghurst Rd, Kings Cross, Tel. 93322244, www.jackaroohostel.com. **Von Travellern für Traveller:** Die Besitzer haben selbst die Welt bereist. 4- und 6-Bett-Schlafsäle mit Bad (ab 38 $ pro Bett), auch DZ mit Bad.

In den Strandvororten

226 [III] **Bondi Beachhouse YHA** $, Fletcher/Dellview St, Bondi Beach, Tel. 93652088, www.yha.com.au. **Für Junggebliebene:** 16 EZ, 11 DZ und acht Schlafsäle (vier bis sechs Betten, ab 27 $ pro Bett) mit Gemeinschaftsbad, mit Blick auf den Strand.

227 [IV] **Coogee Beach House** $, 171 Arden St, Coogee, Tel. 96651162, www.coogeebeachhouse.com. **Einfach und populär:** DZ und Schlafsäle (drei und sechs Betten, ab 24,60 $ pro Bett) mit Gemeinschaftsbad.

228 [II] **Manly Backpackers** $, 24–28 Raglan St, Manly, Tel. 99773411 oder 1800662500, www.manlybackpackers.com.au. **Pooltische und Barbecue:** 4- und 6-Bett-Schlafsäle (ab 35 $ pro Bett) sowie DZ, alle mit Gemeinschaftsbad.

229 [II] **Manly Guest House** $, 6 Steinton St, Manly, Tel. 99770884, www.manlyguesthouse.com.au. **Niedlich altmodisch:** Doppelzimmer und 3- bis 6-Bett-Zimmer mit Gemeinschaftsbad. Vermieten keine einzelnen Betten mehr, sondern nur an Gruppen, bei 6 Personen sind es dann unter 12 $ pro Person.

230 [III] **Surfside Bondi Beach** $, 35a Hall St, Bondi, Tel. 93654900, www.surfsidebackpackers.com.au. **Kostenlose Surfbretter und Schnorchelausrüstung:** Doppelzimmer und Schlafsäle (vier bis sechs Betten, ab 36 $ pro Bett) mit Gemeinschaftsbad.

231 [IV] **Surfside Coogee Beach** $, 186 Arden St, Coogee, Tel. 93157888, www.surfsidebackpackers.com.au. **Kostenlose Surf- und Schnorchelausrüstung:** 12 DZ, 3-Bett-Zimmer und Schlafsäle (vier bis acht Betten, ab 36 $ pro Bett) mit Gemeinschaftsbad.

Mit den Bussen von Sydney Buses oder per Taxi kommt man sicher von einem Ort zum anderen

Verkehrsmittel

Öffentlicher Nahverkehr

Sydney hat ein gut ausgebautes öffentliches Nahverkehrsnetz. Die zwei wichtigsten **Verkehrsknotenpunkte** sind **Circular Quay** 8, wo fast alle Fährlinien ablegen, eine Sydney-Trains--Anbindung besteht und sich ein großer Busbahnhof befindet, und **Central Station** 28, wo fast alle Sydney-Trains-Linien und viele Buslinien halten.

Die Stadtbahn **Sydney Trains, Sydney Buses**, die Fähren von **Sydney Ferries** und die Stadtbahn **Light Rail** sind in das elektronische Fahrkartensystem Opal eingebunden. Im Oktober 2015 wurde mit den Bauarbeiten an der neuen Linie CBD and South East LightRail begonnen, die von Randwick und Kingsford über Moore Park und Surry Hills zur Central Station und weiter über die George Street zum Circular Quay führen wird. Die Inbetriebnahme ist für 2019 geplant.

Informationen zum gesamten Verkehrsnetz und **Fahrplanauskünfte** erhält man bei Transport NSW (Tel. 131500, www.transportnsw.info).

Um herauszufinden, wie man von A nach B kommt, nutzt man am besten den **Trip Planner** der Transport-NSW-Website oder die App **Opal Travel** (kostenlos für iOS und Android). Man gibt dort seinen Standort und das gewünschte Ziel (z. B. den Namen einer Sehenswürdigkeit oder ihre Adresse) ein und bekommt dann die beste Route angezeigt.

Fahrkarten

Am günstigsten und bequemsten ist die Nutzung der wiederaufladbaren **Opal Card**, auf die man ein Guthaben lädt (in 10er-Schritten, z. B.

048sy Abb.: eg

10 $, 20 $ etc.). Die Opal Card hält man beim Ein- und Auschecken vor den Opal Card Reader (auf dem Display steht für gewöhnlich „tap on/off here"), von der dann automatisch der korrekte Fahrpreis abgerechnet wird, der deutlich unter dem Einzelfahrscheinpreis liegt.

Wer definitiv weniger als acht Fahrten mit den öffentlichen Verkehrsmitteln machen möchte, kann auch nach wie vor eine **Einzelfahrkarte** (Opal single trip bzw. Opal single bus trip) kaufen (gültig für die Stadtbahnen Sydney Trains und LightRail, Fähren und Busse).

› Die Opal-Card-Fahrpreise unterscheiden sich je nach Verkehrsmittel, bei den Stadtbahnen je nach Reiseuhrzeit und Reisehäufigkeit. Je häufiger man reist, desto preiswerter wird jede Einzelfahrt ab der achten Fahrt innerhalb einer Woche. Pro Woche werden max. 60 $ abgerechnet. Im Folgenden werden die Preise für eine Einzelfahrt angegeben, die Ersparnis mit der Opal Card beträgt ca. 20 %.

- **Stadtbahn:** 0–10 km 4,10 $, 10–20 km 5,10 $, 20–35 km 5,80 $
- **Busse und Lightrail-Stadtbahn** (bei Letzterer gibt es keine Kategorie >8 km): 0–3 km 2,60 $, 3–8 km 4,20 $, >8 km 5,40 $
- **Fähren:** 0–9 km 6,90 $, >9 km 8,70 $

Die Opal Card bekommt man u.a. in *convenience stores, newsagencies* (Zeitungs- und Zeitschriftenläden) oder bei folgenden *Transport Customer Services Centres* und *Transport Shops:*

- •232 [E6] **Transport Customer Service Centre,** Central Station, Grand Concourse, Mo.–Sa. 6–20.30, So. 7–20.30 Uhr.
- **Transport Customer Service Centre,** Circular Quay 8, Wharf 5 (Alfred St), und Transport Shop, vor McDonald's, Loftus St (Ecke Alfred St), beide Mo.–Fr. 7–19, Sa./So. 8.30–17 Uhr
- **Transport Shop,** Wynyard Station, Carrington-St-Eingang, Mo.–Fr. 7–19 Uhr
- **Transport Shop,** Queen Victoria Building 20, Eingang York St, Mo.–Fr. 7–19 Uhr
- **Transport Shop,** Railway Square, George St (Ecke Lee St), Mo.–Fr. 9–19 Uhr

Einzelfahrscheine gibt es an Fahrkartenautomaten und an einigen Fahrkartenschaltern. Die Einzeltickets müssen ebenfalls bei Fahrtantritt entwertet werden.

Man kann die Opal Card auch vorher **online bestellen** (www.opal.com.au), sollte dies jedoch rechtzeitig tun, damit es mit dem Versand auch klappt. Der Vorteil einer **personalisierten Opal Card** ist, dass man sie automatisch aufladen lassen kann, z.B. durch die Kopplung an eine Kreditkarte, und dass man sie sperren lassen kann, wenn man sie verliert.

Achtung: Werktags zwischen 7 und 19 Uhr werden im CBD-Bereich keine Fahrkarten (Opal single bus trip) im Bus verkauft!

In sogenannten **Prepay-Buslinien** werden generell keine Fahrkarten verkauft, man muss im Besitz einer Opal Card mit ausreichend Guthaben sein oder den korrekten Einzelfahrschein haben. Ansonsten gilt: Beim Ticketkauf im Bus muss man das Geld passend haben, Scheine werden nicht gewechselt!

Für die Sydney-Trains-Haltestellen **Domestic Airport** und **International Airport** (Haltestellen am Kingsford Smith Airport für die Terminals mit Inlandsflügen und internationalen Flügen) werden zusätzlich zum eigentlichen Fahrpreis 13,80 $ **für den Bahnhofszugang** abgerechnet.

Taxi

Für eine Fahrt innerhalb der City, z.B. von Paddington nach Glebe oder von der City nach North Sydney, zahlt man 19 bis 29 $, von der City nach Manly 44 bis 64 $. Es ist üblich, ca. 10 % Trinkgeld zu geben. Taxis kann man **heranwinken, telefonisch** oder mit der **App** der jeweiligen Taxigesellschaft bestellen.

- **Legion Cabs,** Tel. 131451, www.legioncabs.com.au (auch eigene Legion Cabs App für iOS oder Android)
- **Manly Warringah Cabs** (für Manly), Tel. 131668, www.manlycabs.com.au (auch eigene App für iOS und Android)
- **Premier Cabs,** Tel. 1300795, www.premiercabs.com.au (auch eigene App für iOS und Android)

Wassertaxi

Wassertaxistände findet man an **Circular Quay East** und **Darling Harbour** oder man bestellt sie telefonisch an eine andere Anlegestelle. Man zahlt pro Person plus einen Grundpreis, der abhängig von Ausgangs- und Zielpunkt ist (z. B. 80 $ von Circular Quay zum Taronga Zoo für 2 Personen, 101 $ für 6 Personen).

› **Water Taxis Combined,** Tel. 95558888, www.watertaxis.com.au

Versicherungen

Egal welche Versicherungen man abschließt: Man sollte die **Notfallnummern notieren** und mit der Nummer der Police gut aufheben! Bei Eintreten eines Notfalls muss die Versicherungsgesellschaft sofort **verständigt** werden! Dies gilt auch bei einem Schadensfall im Urlaub, der durch die reguläre Haftpflicht-/Unfallversicherung daheim abgedeckt wird, wenn man den Schaden direkt vom Urlaubsort meldet.

Grundsätzlich gilt, dass Versicherungspakete oft teuer sind und Versicherungen enthalten, die man nicht benötigt. Man sollte aber existenzielle Risiken absichern und dazu gehört an erster Stelle die Auslandskrankenversicherung.

Auslandskrankenversicherung

Die Kosten für eine ärztliche Behandlung in Australien werden von den gesetzlichen Krankenversicherungen in Deutschland und Österreich nicht übernommen, daher ist der Abschluss einer privaten Auslandskrankenversicherung unverzichtbar.

Privatversicherte sollten prüfen, ob ihre private Krankenversicherungsgesellschaft die vollständige Auslandsdeckung auch in Australien garantiert.

Man sollte eine private Auslandskrankenversicherung abschließen, die Folgendes leistet:

› Vergütung der Arzt-, Zahnarzt- und Krankenhauskosten ohne Summenbeschränkung
› Deckung bei Krankheit und Unfall
› Vergütung von Krankentransporten, Rettungskosten und Krankenrücktransport ohne Einschränkungen und nicht nur, wenn es medizisch notwendig ist oder der Krankenhausaufenthalt länger als 14 Tage dauert
› Abdeckung der gesamten Aufenthaltsdauer mit automatischer Verlängerung über die festgelegte Zeit hinaus, wenn die Rückreise nicht möglich ist
› Eventuell auch Abdeckung der Reise- und Unterkunftskosten von Familienangehörigen, wenn diese zur Betreuung anreisen.
› Bei Jahresverträgen sollte man darauf achten, dass der Versicherungsschutz meist nur für eine bestimmte Anzahl von Tagen pro Reise gilt.
› Eine Versicherung als Familie ist in der Regel günstiger, als sich als Einzelpersonen zu versichern, aber man sollte die Definition von „Familie“ vor Vertragsabschluss genau prüfen.

Zur **Erstattung der Kosten** benötigt man grundsätzlich **Quittungen** (mit Datum, Namen, Bericht über Art und Umfang der Behandlung, Kosten der Behandlung und Medikamente).

Wetter und Reisezeit

Da sich Sydney auf der südlichen Hälfte des Erdballs befindet, sind die **Jahreszeiten** dort **genau entgegengesetzt** zu denen in Europa. D. h., wenn bei uns Frühling herrscht, ist in Australien Herbst, ist bei uns Sommer, ist dort Winter.

Die schönste Jahreszeit in Sydney ist der **Frühling** von September bis November mit durchschnittlichen Tageshöchsttemperaturen von 20 bis 24 °C! Dann blühen die Wildblumen und exotische Eukalyptusarten.

Von Dezember bis Februar ist **Sommer** mit einer durchschnittlichen Tageshöchsttemperatur von 25 bis 26 °C und einer Tiefsttemperatur um 18 °C. Auch wenn das Thermometer mal auf 45 °C ansteigt, lässt sich das an der Küste gut aushalten, denn es weht fast immer eine feuchte Meeresbrise. Regen gibt es an etwa elf Tagen im Monat. Für den passionierten Surfer sind die Sommermonate von November bis März mit Wassertemperaturen um 22 °C die beste Zeit des Jahres! Dezember bis Februar ist jedoch auch die **Hauptreisezeit der Australier** und somit sind Hotels schnell belegt und die Preise deutlich teurer. Das kann aber auch zu den Osterferien in der zweiten Aprilhälfte, in den Winterferien im Juli und in den Frühlingsferien Ende September bis Mitte Oktober vorkommen.

Der **Herbst** von März bis Mai ist mit einer durchschnittlichen Tageshöchsttemperatur von 19 bis 23 °C ebenso schön wie der australische Frühling, allerdings sind die Wassertemperaturen wärmer. Die Banksias blühen.

Selbst im **Winter** von Juni bis August herrschen in Sydney noch immer durchschnittliche Tageshöchsttemperaturen von 16 bis 18 °C und es regnet im Durchschnitt nur rund zehn Tage monatlich. Zum Surfen ist es vielleicht etwas ungemütlich, aber mit Wassertemperaturen von 15 bis 18 °C zum Tauchen geeignet!

Bekleidung

Von Oktober bis Mai heißt es „Hut auf"! Die **Sonnenstrahlen sind aggressiv** in Australien: Hautkrebsgefahr! Abgesehen davon sollte man sich vor einem Sonnenstich oder einem schmerzhaften Sonnenbrand schützen! Ebenso wichtig ist eine **Sonnenbrille** mit gutem UV-Filter, denn die Augen zusammenzukneifen, um sich gegen die gleißende Sonne zu schützen, führt sonst leicht zu Kopfschmerzen.

Wenn es in Sydney regnet, nutzt man am besten einen **Regenschirm**, denn bei dem schwülen Klima ist eine Regenjacke eher unangenehm. Von Mai bis Oktober ist eine atmungsaktive, wasserabweisende **Windjacke** zum Schutz gegen die auskühlende Meeresbrise ideal. Von Juni bis Ende September gehört auch ein **Pullover** für die Abendstunden ins Gepäck.

Wetter in Sydney

Durchschnitt	Jan	Febr	März	Apr	Mai	Juni	Juli	Aug	Sept	Okt	Nov	Dez
Maximale Temperatur	27°	27°	25°	23°	20°	17°	17°	18°	20°	23°	24°	26°
Minimale Temperatur	18°	18°	17°	14°	10°	8°	7°	8°	10°	13°	15°	17°
Regentage	12	12	13	11	11	11	9	9	9	11	11	11
Wassertemperatur	23°	24°	23°	20°	18°	18°	16°	17°	18°	19°	19°	21°

ANHANG

105sy Abb.: Tourism Australia©Andrew Smith

Kleine Sprachhilfe

Die folgenden Wörter und Redewendungen wurden dem Reisesprachführer „Englisch für Australien – Wort für Wort“ (Kauderwelsch-Band 150) aus dem Reise Know-How Verlag entnommen.

Häufig gebrauchte Wörter und Redewendungen

Zahlen

1	(wan)	*one*
2	(tu)	*two*
3	(ðriej)	*three*
4	(fo'e)	*four*
5	(fajv)	*five*
6	(ßikß)	*six*
7	(ßäwen)	*seven*
8	(ajt)	*eight*
9	(najn)	*nine*
10	(tän)	*ten*
11	(ejläven)	*eleven*
12	(twälv)	*twelve*
13	(ðöötiejn)	*thirteen*
14	(fotiejn)	*fourteen*
15	(fiftiejn)	*fifteen*
16	(ßikßtiejn)	*sixteen*
17	(ßäwentiejn)	*seventeen*
18	(ajtiejn)	*eighteen*
19	(najntiejn)	*nineteen*
20	(twäntiej)	*twenty*
30	(ðöötiej)	*thirty*
40	(fotiej)	*forty*
50	(fiftiej)	*fifty*
60	(ßikßtiej)	*sixty*
70	(ßäwentiej)	*seventy*
80	(ajtiej)	*eighty*
90	(najntiej)	*ninety*
100	(handred)	*hundred*

☐ *Vorseite: Ein müder Koala im Wild Life Zoo* 36

Die wichtigsten Zeitangaben

yesterday	(jäßtedäj)	gestern
today	(tedäj)	heute
tomorrow	(temorrou)	morgen
last week	(laaßt wiejk)	letzte Woche
every day	(ävriej daj)	täglich
am	(äjäm)	Vormittag
pm	(piejäm)	Nachmittag/ Abend
arvo	(aavou)	Nachmittag
next	(näkßt)	nächste/r
before	(biefo'e)	vor
after	(aafte)	nach
early	(öhrliej)	früh
late	(lajt)	spät
on time	(on tajm)	pünktlich
now	(nau)	jetzt
in a sec	(ine ßäk)	bald
never	(näve)	nie
Sunday	(ßanndäi)	Sonntag
Monday	(manndäi)	Montag
Tuesday	(tjuhsdäi)	Dienstag
Wednesday	(wännsdäi)	Mittwoch
Thursday	(ðörsdäi)	Donnerstag
Friday	(freidäi)	Freitag
Saturday	(ßättèrdäi)	Samstag

Die wichtigsten Fragewörter

who?	(huh)	wer?
what?	(wot)	was?
where?	(wä'e)	wo?/wohin?
why?	(waj)	warum?
how?	(hau)	wie?
how much?	(hau matsch)	wie viel? (Menge)
how many?	(hau männih)	wie viele? (Anzahl)
when?	(wänn)	wann?
how long?	(hau long)	wie lange?

Die wichtigsten Richtungsangaben

on the right	(on ðe rajt)	rechts
on the left	(on ðe läft)	links
to the right	(te ðe rajt)	nach rechts
to the left	(te ðe läft)	nach links

+++ Die wichtigsten Wörter mit dem Bonus-Audiotrack des Kauderwelsch-

turn right	(töön rajt)	rechts abbiegen	*there*	(ðä'e)	dort
turn left	(töön läft)	links abbiegen	*up there*	(ap ðä'e)	da oben
straight	(ßtrajt)	geradeaus	*down there*	(daun ðä'e)	da unten
in front of	(in frantof)	gegenüber	*nearby*	(nie'ebaj)	nah, in der Nähe
outside	(audßajd)	außerhalb	*far away*	(faa ewaj)	weit weg
inside	(inßajd)	innerhalb	*round the corner*	(raund ðe kohrnè)	um die Ecke
here	(hie'e)	hier			

Die wichtigsten Floskeln und Redewendungen

yes	jäß	ja
no/nah	nou/nah	nein
thank you/ta	ðänk_juh/taa	danke
please	pliejs	bitte
Good morning!	gud morning	Guten Morgen!
G'day!	gdäj	Guten Tag!
Hi!	haj	Hallo!
How are you?	hauarje	Wie geht es Ihnen/dir?
Yeah alright, thanks.	jä'e owrajt ðängkß	Danke gut.
Bye!	baj	Auf Wiedersehen!
Have a nice day!	häv'e najß daj	Einen schönen Tag!
I don't know.	aj dounnou	Ich weiß nicht.
Okay.	oukäj	Okay.
I'd like to pay, please!	ajd lajk te päj pliejs	Die Rechnung, bitte!
Congratulations!	kongrätjulajschenß	Glückwunsch!
Excuse me!	ekßkjuhs miej	Entschuldigung!
I'm sorry.	ajm ßoriej	Tut mir Leid!
No worries!	no wöriejs	Kein Problem!
Bummer!	bamme	Schade!

Die wichtigsten Fragen

Is there a/an ... ?	(is ðä e/ðären ...)	Gibt es ...?
Do you have ... ?	(duh juh häv ...)	Haben Sie ...?
Where is/are ... ?	(wä'es/wää ...)	Wo ist/sind ... ?
Where can I ... ?	(wää känaj)	Wo kann ich ... ?
How much is it?	(hau matsch isid)	Wie viel kostet das?
What time?	(wot tajm)	Um wie viel Uhr?
Could you help me , please?	(kudje hälp miej pliejs)	Können Sie mir helfen?
Is there a bus to ... ?	(is ðä'e baß te ...)	Gibt es einen Bus nach ...?
Could you pass me ...?	(kudju paaß miej)	Könnten Sie mir ... geben?
What's your name?	(wotßje najm)	Wie heißt du/heißen Sie?
How old are you?	(hau ould aaje)	Wie alt bist du/sind Sie?
Where are you from?	(wääje fromm)	Woher kommen Sie?
Excuse me?	(ekßkjuhs miej)	Wie bitte?

Nichts verstanden? – Weiterlernen!

My English is no good.	(maj ing'glisch is no gud)	Ich spreche nicht gut Englisch.
Pardon me?	(paaden miej?)	Wie bitte?
I didn't catch that.	(aj didnt kätsch ðät)	Ich habe das nicht verstanden.
Do you speak German?	(djuh spiejk dschömen?)	Sprechen Sie Deutsch?
How do you say that in English?	(hau djuh säj ðäd in in'glisch?)	Wie heißt das auf Englisch?
What does it mean?	(wodt dasid miejn?)	Was bedeutet das?
How do you say this word?	(hau djuh ßaj ðiß wööd?)	Wie spricht man dieses Wort aus?
What was that?	(wot wosät?)	Wiederholen Sie bitte!/Wie bitte?
Could you please write it down?	(kud juh plies rajdit daun?)	Könnten Sie das bitte aufschreiben?

Weitere australische Begriffe

ANZAC Australian New Zealand Army Corps, auch: Haferkekse
Aussie australisch, Australier
baby capsule Kindersitz im Taxi
bangers and mash Bratwurst und Kartoffelpüree
barbie Grill
barramundi einheim. Flussfischart
bickie Keks
brekkie Frühstück
chips Pommes frites
chocolates Pralinen
convenience store Minisupermarkt
corkage Gebühr zum Entkorken einer mitgebrachten Flasche Wein in Restaurants
damper Brot aus Mehl, Salz und Wasser
decaf entkoffeinierter Kaffee
G'day! Guten Tag!
hotel Kneipe, Restaurant und Hotel
lollies Süßigkeiten
maxi cab Großraumtaxi
No worries! Keine Ursache!
pastie herzhaftes halbrundes Teilchen mit Fleisch-/Gemüsefüllung
pav(lova) Nachtisch mit Baiser und Früchten
porterhouse dickes T-Bone-Steak
peperoni scharf gewürzte Salami
pie herzhafter gedeckter Kuchen mit Fleisch-/Gemüsefüllung
raisin toast getoastetes Rosinenbrot
scone Gebäck, das man mit Konfitüre und Sahne isst
scotch fillet Filet (Fleisch)
stew Gulasch
surf 'n' turf Steak und Krabben
ta. Danke.
tea Tee, Abendessen
thongs Badelatschen
tucker Essen
Vegemite ein Hefeaufstrich für auf Toast
wedges frittierte Kartoffelspalten
wheelchair access rohlstuhlgerechter Zugang

Register

Die Autorin

Elfi H. M. Gilissen wuchs mit verschiedenen Kulturen auf: flandrische Mutter, Limburger Vater, ein halbes Leben am Niederrhein, ein Schüleraustauschjahr in den USA, ein Studienjahr in China, seit 2000 zurück in den Niederlanden mit zweijähriger Unterbrechung in South Australia und jährlichen Recherchereisen auf dem Fünften Kontinent. Die Metropole Sydney begeistert sie seit ihrem ersten Besuch Ende 2000.

Weitere Titel der Autorin im Reise Know-How Verlag sind „KulturSchock Australien", „KulturSchock Niederlande", „Australiens Outback und Busch entdecken", „Australian Slang – English Down Under", „Englisch für Australien – Wort für Wort", „Flämisch – Wort für Wort", „Amerikanisch – Wort für Wort", „Niederländisch Slang" und das auf Englisch verfasste „German Slang".

Schreiben Sie uns

Dieses Buch ist gespickt mit Adressen, Preisen, Tipps und Daten. Unsere Autoren recherchieren unentwegt und erstellen alle zwei Jahre eine komplette Aktualisierung, aber auf die Mithilfe von Reisenden können sie nicht verzichten. Darum: Teilen Sie uns bitte mit, was sich geändert hat oder was Sie neu entdeckt haben. Gut verwertbare Informationen belohnt der Verlag mit einem Sprachführer Ihrer Wahl aus der Reihe „Kauderwelsch".

Kommentare übermitteln Sie am einfachsten, indem Sie die Web-App zum Buch aufrufen (siehe Umschlag hinten) und die Kommentarfunktion bei den einzelnen auf der Karte angezeigten Örtlichkeiten oder den Link zu generellen Kommentaren nutzen. Wenn sich Ihre Informationen auf eine konkrete Stelle im Buch beziehen, würde die Seitenangabe uns die Arbeit sehr erleichtern. Unsere Kontaktdaten entnehmen Sie bitte dem Impressum.

Impressum

Elfi H. M. Gilissen

CityTrip Sydney

3., neu bearbeitete und komplett aktualisierte Auflage 2017

ISBN 978-3-8317-3002-5
Printed in Germany

Druck und Bindung:
Media-Print, Paderborn

Herausgeber: Klaus Werner
Layout: amundo media GmbH (Umschlag, Inhalt), Peter Rump (Umschlag)
Lektorat: amundo media GmbH
Karten: Ingenieurbüro B. Spachmüller, amundo media GmbH
Anzeigenvertrieb: KV Kommunalverlag GmbH & Co. KG, Alte Landstraße 23, 85521 Ottobrunn, Tel. 089 928096-0, info@kommunal-verlag.de
Kontakt: Osnabrücker Str. 79, 33649 Bielefeld, info@reise-know-how.de

---

Bildnachweis

Umschlagvorderseite: dreamstime.com©Mrallen | Umschlagklappe rechts: fotolia.com©Dean Miller
Soweit ihre Namen nicht vollständig am Bild vermerkt sind, stehen die Kürzel an den Abbildungen für die folgenden Fotografen, Firmen und Einrichtungen. Elfi H. M. Gilissen: eg | Jeremy Nelson: jn | fotolia.com: fo | dreamstime.com: dt | Stephanie Blum: sb

Liste der Karteneinträge

Hier nicht aufgeführte Nummern liegen außerhalb der abgebildeten Karten. Ihre Lage kann aber wie die von allen Ortsmarken im Buch mithilfe der Web-App angezeigt werden (s. S. 144).

Abkürzungen

- Av = Avenue
- NSW = New South Wales (der Bundesstaat, in dem sich Sydney befindet)
- Pde = Parade (Boulevard)
- Pl = Place (Platz)
- Rd = Road (Straße)
- Sq = Square (Platz)
- St = Street (Straße)
- Ln = Lane (Gasse)

Zeichenerklärung

- Sehenswürdigkeit
- Arzt, Apotheke, Krankenhaus
- Aussichtspunkt
- Bar, Bistro, Klub, Treffpunkt
- Bibliothek
- Buddhistischer Tempel
- Kneipe, Biergarten
- Café
- Denkmal
- Fährhafen
- Fischrestaurant
- Galerie
- Geschäft, Kaufhaus, Markt
- Hotel, Unterkunft
- Imbiss
- Informationsstelle
- Jugendherberge, Backpacker
- Kino
- Kirche
- Museum
- Musikszene, Disco
- Meeresfreibad
- Pension
- Postamt
- Polizei
- Restaurant
- Sehenswürdigkeit
- Schwimmbad
- Sonstiges
- Sporteinrichtung
- Synagoge
- Tauchen
- Theater
- Vegetarisches Restaurant

- Sydney Trains
- Light Rail

- Stadtspaziergang (s. S. 13)
- Shoppingareale
- Gastro- und Nightlife-Areale

Sydney mit PC, Smartphone & Co.

QR-Code auf dem Umschlag scannen oder **www.reise-know-how.de/citytrip/sydney17** eingeben und die **kostenlose Web-App** aufrufen (Internetverbindung zur Nutzung nötig)!

★**Anzeige der Lage und Satellitenansicht aller** beschriebenen Sehenswürdigkeiten und weiteren Orte
★**Routenführung** vom aktuellen Standort zum gewünschten Ziel
★**Exakter Verlauf** des empfohlenen Stadtspaziergangs
★**Audiotrainer** der wichtigsten Wörter und Redewendungen
★**Updates** nach Redaktionsschluss

GPS-Daten zum Download

Auf der Produktseite dieses Titels unter www.reise-know-how.de stehen die GPS-Daten aller Ortsmarken als KML-Dateien zum Download zur Verfügung.

Stadtplan für mobile Geräte

Um den Stadtplan auf Smartphones und Tablets nutzen zu können, empfehlen wir die App „Avenza Maps" der Firma Avenza™. Der Stadtplan wird aus der App heraus geladen und kann dann mit vielen Zusatzfunktionen genutzt werden.

Die Web-App und der Zugriff auf diese über QR-Codes sind eine freiwillige, kostenlose Zusatzleistung des Verlages. Der Verlag behält sich vor, die Bereitstellung des Angebotes und die Möglichkeit der Nutzung zeitlich und inhaltlich zu beschränken. Der Verlag übernimmt keine Garantie für das Funktionieren der Seiten und keine Haftung für Schäden, die aus dem Gebrauch der Seiten resultieren. Es besteht ferner kein Anspruch auf eine unbefristete Bereitstellung der Seiten.